Les PETITS TRUFFAUT

MW01707802

Bonsaï faciles

Les PETITS TRUFFAUT

Bonsaï faciles

Rémy et Isabelle Samson

LAROUSSE

21 Rue du Montparnasse 75283 Paris cedex 06

Sommaire

ISBN 978-2-03-583586-4

LES PICTOGRAMMES

Type de feuillage

Type d'installation

Renvois

Les 12 Gestes

Les gestes de base du jardinage

à connaître

1 Le nettoyage

Il est important de désherber régulièrement le sol. Il faut surtout retirer une algue (Marchantia polymorpha). *Il est aussi nécessaire de brosser le tronc et les branches pour retirer la mousse et la poussière. Une attention particulière doit être portée à la base du tronc pour bien le dégager.*

Quand nettoyer ?

Il n'y a **aucune période spécifique** pour ces travaux minutieux. Ils se font **régulièrement,** surtout sur les Bonsaï d'intérieur. Le gros travail sur les Bonsaï d'extérieur se situe essentiellement **à la fin de l'automne,** quand les arbres entrent en repos végétatif.
À la fin de l'automne, retirez aussi des Bonsaï caducs les **feuilles jaunes** tombées sur la terre et faites tomber délicatement celles encore accrochées aux branches, à l'exception des feuilles de certaines espèces comme le hêtre ou le chêne. **Tout au long de l'année,** retirez du sol les feuilles tombées et celles qui ont jauni sur les Bonsaï d'intérieur. Enlevez les **fleurs fanées** des branches des Bonsaï ; agissez de même avec **les fruits,** dès qu'ils sont talés. Lorsqu'un arbre fruitier porte trop de fruits, retirez-en environ la moitié pour lui éviter trop de fatigue.

Les étapes du nettoyage

1. Pour désherber, avec la pincette, saisissez à sa base la mauvaise herbe ou l'algue, et tirez délicatement pour arracher la racine.

2. Brossez énergiquement l'écorce d'une main, avec la brosse métallique ou à poils de plastique dur, et, de l'autre, tenez fermement l'arbre. Brossez en long, puis en large, et à nouveau en long.

3. Ratissez au petit râteau ou passez délicatement un balai en coco sur la terre pour enlever les feuilles sans avoir à gratter le sol.

4-5. Retirez à la main les fleurs et les fruits entre le pouce et l'index ou, s'ils ne viennent pas seuls, **taillez le pédoncule avec des ciseaux à double tranchant.**

6. Nettoyez les feuilles des Bonsaï d'intérieur en les frottant doucement entre le pouce et l'index pour en retirer poussière et calcaire.

Les outils

Une pincette, un petit balai en coco, un petit râteau, une brosse métallique ou à poils de plastique dur, des ciseaux à double tranchant.

Bon à savoir

Les mauvaises herbes captent les éléments nutritifs, comme les apports d'engrais, au détriment du Bonsaï, et empêchent de voir l'état de la terre. Trop de mousse gêne un bon arrosage, car elle boit l'eau et, en dessous, le sol reste sec. Elle peut de même étouffer l'arbre. Elle facilite souvent l'implantation de parasites ou de champignons au collet de l'arbre, comme les feuilles mortes sur le sol. L'algue *Marchantia polymorpha* est souvent révélatrice d'un sol trop compact ou trop arrosé.

S.O.S.

J'ai mal arraché les trèfles sur la terre de mon Bonsaï...
Vous profiterez du rempotage pour éliminer les racines principales en forme de carotte, en profondeur.

1
2
3
4
5
6

2 La taille de struc

Cette taille se pratique davantage sur les arbres à feuilles caduques, mais aussi sur des conifères dont la taille d'entretien n'a pas été effectuée avec régularité. Elle permet une mise en forme de l'arbre, favorise donc sa bonne santé et un beau printemps. En outre, elle peut être considérée comme un élagage.

Quand effectuer cette taille ?

En fin d'hiver, lorsque l'on sent un frémissement de la végétation, quand les grands froids sont passés et que les bourgeons gonflent. Il est alors temps de tailler des branches disgracieuses ou trop développées, grosses comme fines.

Les étapes de la taille

1. Regardez attentivement le Bonsaï pour repérer les bourgeons actifs et dormants. La règle générale préconise de **tailler très court les branches maîtresses et les grosses branches** et **légèrement les branches fines et minces** qui portent des bourgeons petits et peu fermes. **Taillez davantage les branches du côté extérieur** pour permettre aux branches côté tronc de mieux se développer, afin que le Bonsaï garde un aspect compact.

2. Supprimez les branches mortes et celles qui se croisent ou se superposent. Sélectionnez par l'observation ou en cachant la branche à supprimer. Taillez aussi les branches parallèles entre elles.

3. N'hésitez pas à créer des vides pour favoriser la présence de plateaux foliaires bien déterminés et pour dégager le tronc.

4. Passez du mastic cicatrisant sur les tailles à l'aide d'un bâtonnet.

LES OUTILS

Une bonne paire de ciseaux avec une lame à double tranchant, une pince à branche, du mastic à cicatriser.

BON À SAVOIR

Il est indispensable de poser un mastic cicatrisant sur les coupes du tronc ou des branches afin d'éviter tout risque de pourrissement ou de parasites.

S.O.S.

Pourquoi tailler plus les branches du côté extérieur ?
La taille de structure permet aux branches intérieures d'être irriguées et de recevoir air et lumière, lorsque le Bonsaï sera couvert de feuilles. Attention, les branches croissant trop près du tronc meurent par asphyxie.

…ture

3 Le pincement

Ce sont essentiellement les conifères, et quelques arbres à feuilles caduques, qui sont pincés : les hêtres dont la croissance est lente, les ormes qui ont tendance à croître de tous côtés, les érables qui s'allongent.

Quand effectuer le pincement ?

Au tout début du printemps, lorsque la végétation se réveille et que la sève commence à circuler et les bourgeons à s'ouvrir. Pour les **pins,** ce sera vers le mois d'**avril,** avant que les aiguilles constituant les chandelles ne s'écartent ; pour la plupart des **caducs, début mars.** Les **genévriers** sont pincés manuellement et continuellement **du printemps à l'automne.**

Les étapes du pincement

1. Les pins, comme les *Podocarpus*, ont tendance à émettre de grandes aiguilles ; par le pincement, les aiguilles seront petites. Pincez-les manuellement. **Saisissez la chandelle entre le pouce et l'index,** quand elle a fini sa croissance et avant qu'elle ne s'ouvre, puis sectionnez-la en n'en gardant que le tiers environ. **Réduisez de moitié environ les pousses des autres conifères.**

2. Quand le pin possède plusieurs ramules, pincez d'abord les plus courtes et, quelques jours plus tard, les plus longues, et ce toujours juste avant leur ouverture. Les aiguilles seront alors régulières, celles à croissance lente rattrapant celles à croissance rapide.

3. Sur les genévriers, maintenez la branche d'une main et, de l'autre, sectionnez le feuillage entre le pouce et l'index.

4. Pincez les caducs quand les bourgeons sont encore tendres et les tiges non encore aoûtées. Après ce premier pincement, laissez la végétation reprendre à son rythme et surveillez les arrosages.

Les outils

Une paire de ciseaux à feuilles, une paire de ciseaux fins dont la lame possède deux tranchants. (À l'aide des ciseaux à feuilles, taillez les nouvelles pousses dures, sur les hêtres par exemple.)

Bon à savoir

Un pin bien taillé donnera un arbre avec de petites aiguilles, sa silhouette sera plus harmonieuse et la sève sera mieux répartie.
La seconde repousse des bourgeons des caducs donnera un feuillage plus ramifié et des feuilles plus petites.
Il ne faut pas craindre de tailler un Bonsaï. Cette opération, loin de le faire souffrir, n'est que bénéfique pour sa santé et l'équilibre de son développement.

S.O.S.

J'ai oublié de pincer mon Bonsaï caduc…
Il est possible de rattraper un oubli de pincement sur les caducs en coupant les rameaux bien courts lors de la première taille de printemps.

1
2
2
1
3
4

4 La taille des rame

Par la taille des rameaux, l'air et la lumière pénètrent à l'intérieur de la couronne, et la sève, qui aurait tendance à davantage irriguer les branches du haut, reprend une bonne circulation. Par ailleurs, le Bonsaï étant planté en pot, le développement des racines est limité. Il faut donc équilibrer le développement de la ramure et celui des racines.

Quand tailler les rameaux ?

Au départ de la végétation, effectuez une première taille très courte, en ne laissant que deux ou trois paires de feuilles par tige.
Attendez que les tiges s'allongent d'une bonne dizaine de centimètres avant de procéder à une nouvelle taille.
En général, on taille un Bonsaï **entre une et sept fois dans l'année,** suivant l'espèce et la rapidité de son développement. Ainsi, le grenadier n'a besoin d'être taillé qu'une fois, l'érable deux ou trois fois et l'orme six ou sept fois.

Les étapes de la taille des rameaux

1. Examinez le Bonsaï dans son ensemble pour déterminer ce qu'il faut couper. Si l'arbre est imposant, installez-le sur une table ou un plateau tournant. Commencez par tailler, avec des ciseaux à lame double tranchant, les branches du bas.

2. Travaillez en montant en spirale, progressivement.

3. Terminez par le haut de l'arbre. Les branches du bas doivent être plus longues que celles de la cime. L'ensemble de la ramure s'inscrit presque toujours dans un triangle.

4. Taillez toujours au-dessus d'une ou d'une paire de feuilles pour favoriser la ramification, en laissant 3 à 5 millimètres pour éviter le dessèchement de la feuille.

LES OUTILS

Une bonne paire de ciseaux à lame double tranchant. Pour les gros Bonsaï, un plateau ou une table tournante.

BON À SAVOIR

Pour commencer, évitez de couper trop court, si telle est votre crainte ; il est toujours possible de revenir sur une taille. Prenez du recul pour regarder le Bonsaï lors de la taille. Pensez à être plus sévère sur la taille des branches et rameaux de la cime de l'arbre, afin de permettre à la sève de bien irriguer les branches basses, car elle a tendance à circuler vers le haut.

S.O.S.

N'y a-t'il pas un risque de transmission de maladie quand on taille ?
Pour éviter une transmission d'éventuels parasites ou de maladies, désinfectez bien les lames et tranchants des outils, après avoir taillé chaque Bonsaï. Espacez la fréquence, mais non la quantité des arrosages, juste après une taille.

aux

5 La défoliation

Cette taille se pratique sur des arbres à grandes feuilles, afin de tenter de les réduire. Cette opération fatigant l'arbre, il vaut mieux éviter de l'effectuer l'année du rempotage. La défoliation permet aussi de réduire des longues croissances aux entre-nœuds très espacés. C'est comme si l'on créait un nouveau printemps.

Quand défolier ?

En mai ou en juin, sur des Bonsaï bien développés, mais on ne procède à une défoliation que **tous les deux ou trois ans** sur le même Bonsaï. Il faut **éviter de pratiquer cette taille la même année que le rempotage.**

Les deux méthodes de défoliation

L'une et l'autre sont aussi intéressantes et donnent le même résultat au final. Cependant, la méthode qui consiste à tailler à leur base toutes les feuilles laissera, en attendant la repousse, un Bonsaï esthétiquement plus présentable. La méthode consistant à tailler de moitié toutes les feuilles sur un Bonsaï fera de ce dernier un arbre moins beau tant que ces demi-feuilles seront sur le Bonsaï.

1. Coupez toutes les feuilles à leur base à l'aide de ciseaux bien tranchants. Laissez le pétiole sur l'arbre, surtout pour les variétés à long pétiole.

2. Coupez de moitié chacune des feuilles du Bonsaï. Utilisez des ciseaux munis de lames bien aiguisées. La partie restante du feuillage mettra quelque temps à tomber. Après sa chute, de nouvelles pousses apparaîtront.

Les outils

Une paire de ciseaux à feuilles, une bonne paire de ciseaux à lame double tranchant.

Bon à savoir

Il est possible de profiter d'une défoliation pour retailler quelques branches qui déséquilibrent la silhouette du Bonsaï.
Après une défoliation, l'arbre n'ayant plus de feuilles, il transpire moins, son évaporation diminue, donc il faut l'arroser moins fréquemment.
Généralement, après une défoliation, le Bonsaï fait un très bel automne.

S.O.S.

Doit-on défolier tous les Bonsaï ?
Cette opération ne convient pas ou n'est pas nécessaire pour toutes les espèces ; elle est recommandée sur les ficus, Schefflera, Eugenia, érables, charmes…
Ne coupez jamais les aiguilles de conifères, cela les ferait mourir.

1

2

6 Le ligaturage

Le ligaturage est une des deux façons de forger la silhouette du Bonsaï. Il consiste à enrouler un fil d'aluminium cuivré autour des branches à diriger.

Quand ligaturer ?

Cette technique varie en durée et en période de pose suivant les espèces. Ligaturez les **conifères entre mi-octobre et début février,** et laissez le fil d'aluminium cuivré durant dix ou onze mois ; ligaturez les **Bonsaï à feuilles caduques courant printemps et en été,** et laissez le fil d'aluminium six mois au maximum ; ligaturez les **arbres à fleurs et à fruits à la fin de la floraison,** et laissez le fil trois ou quatre mois ; ligaturez les **Bonsaï d'intérieur tout au long de l'année** sur du bois aoûté, et laissez le fil six à huit semaines en moyenne ; certaines espèces de croissance plus lente auront besoin de plus longtemps pour être formées. Pour tous les Bonsaï, renouvelez l'opération tous les un ou deux ans, si besoin, mais pas la même année que le rempotage. Attendez deux à trois semaines avant toute fertilisation. Laissez sécher le Bonsaï un jour ou deux avant de ligaturer.

Les étapes du ligaturage

1. Choisissez un fil d'aluminium cuivré dont le diamètre correspond à environ le tiers du diamètre du tronc ou des branches à ligaturer. Sur certaines variétés qui le demandent, enroulez du raphia sur la branche pour protéger l'écorce, avant de poser le fil. Commencez par le bas du tronc, en arrimant bien le fil au collet.

2. Arrimez le fil au tronc, s'il ne faut ligaturer que les branches. Si nécessaire, aidez-vous de la pince à ligaturer pour maintenir le fil ou pour l'enrouler autour des branches.

3. Enroulez le fil toujours du bas vers le haut, en spirales régulières. L'angle formé par les spirales est de 45° environ. Il peut être nécessaire de changer de diamètre de fil suivant l'épaisseur des branches et parfois d'enrouler deux fils parallèlement. Le fil ne sera pas posé de façon trop lâche, mais pas non plus de façon trop serrée, car la sève doit continuer à circuler.

4. Une fois le fil posé, inclinez délicatement la branche dans la direction souhaitée. Assurez-vous que la branche aura un port naturel. Enfin, arrosez le Bonsaï en pluie fine.

LES OUTILS

Des fils d'aluminium cuivré de diamètres variés, une pince à ligaturer, du mastic cicatrisant, du raphia, une pince coupe fil pour retirer la ligature.

BON À SAVOIR

Après avoir enroulé le fil d'aluminium cuivré, humidifiez la branche à l'aide d'un vaporisateur pour mieux la courber.

S.O.S.

J'ai cassé une branche…
Si, lors du ligaturage, vous cassez une branche, passez du mastic cicatrisant sur les plaies, recollez ensemble les deux morceaux, puis enroulez de raphia. Si la branche n'est pas trop grosse, elle peut repartir : vous le saurez à l'apparition de pousses nouvelles.

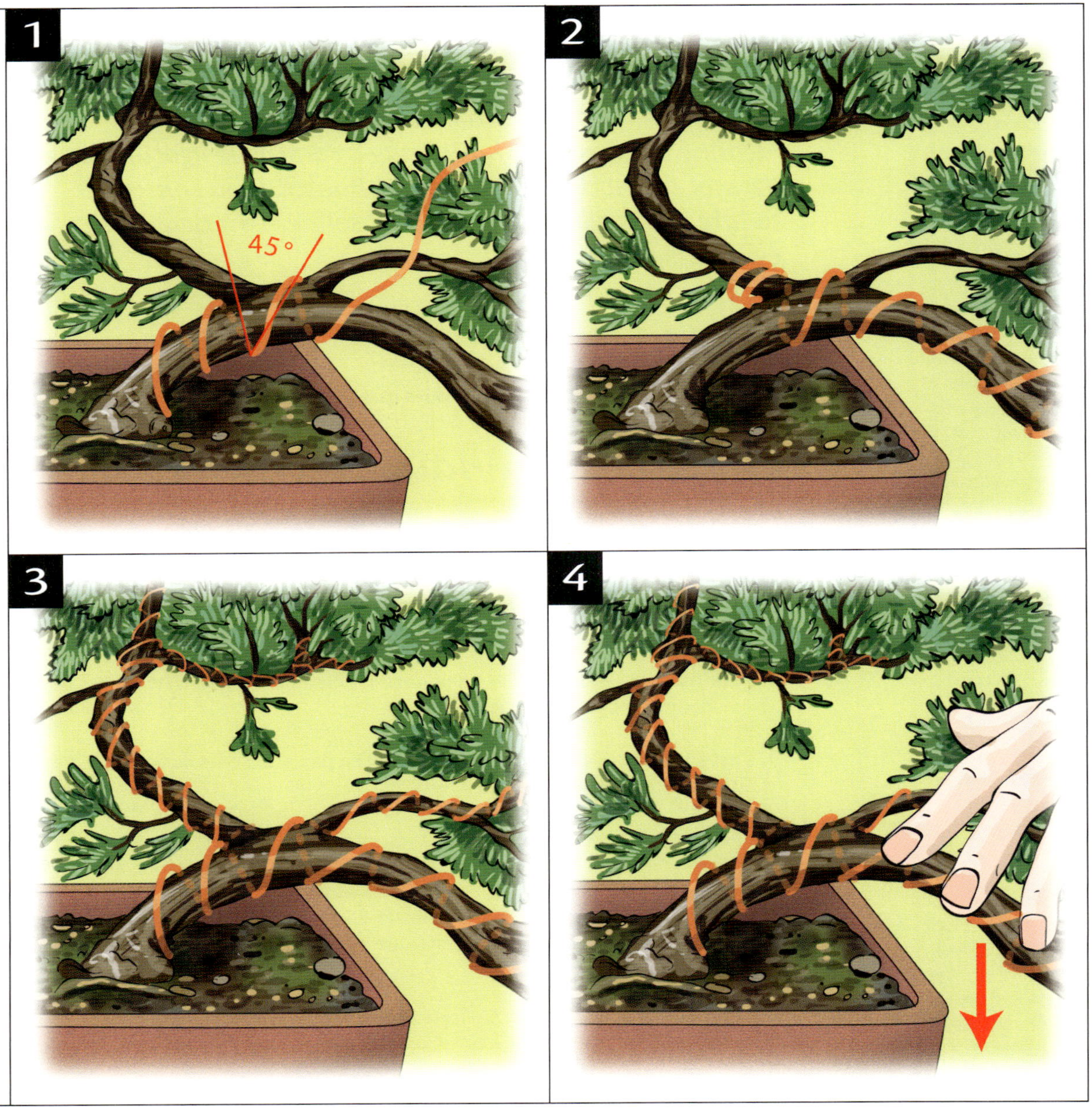
1
45°
2
3
4

7 Le haubanage

Cette technique est utilisée pour les Bonsaï dont la silhouette ne demande pas de transformation, mais une amélioration. Les tailles successives auront déjà façonné le Bonsaï. Le haubanage, comme le ligaturage, permet de modeler la forme du Bonsaï. Cela consiste à tendre des cordes pour attacher solidement deux éléments entre eux.

Quand haubaner ?

L'intervention se fait aux **mêmes périodes que pour un ligaturage** (voir p. 18-19).

Les étapes du haubanage

1. Pour incliner une branche vers le bas ou la garder horizontale, suspendez un poids attaché à une corde. Protégez avec du raphia la branche d'où part la suspension pour que le frottement de la corde ne la marque pas. Abritez aussi le Bonsaï du vent, qui peut faire se balancer la suspension et entraîner la cassure de la branche.

2. Pour travailler des branches en plateaux, il est aussi possible d'attacher la branche au tronc avec une corde, en l'enroulant.

3. Il est aussi possible d'attacher les branches au pot. Les cordes doivent être bien tendues, sans tirer sur les branches.

4. Pour éloigner une branche du tronc ou deux branches entre elles, coincez un bouchon de liège, un bout de bois ou une pierre entre les deux parties à éloigner. Il est aussi possible d'utiliser un tord-tronc pour accentuer la courbure du tronc ou d'une branche maîtresse. En cas de cassure ou de plaie, recouvrez la blessure de mastic cicatrisant (voir la taille de structure, p. 10-11).

LES OUTILS

Des fils d'aluminium cuivré de diamètres variés, une pince à ligaturer, un tord-tronc, des bouchons en liège, du raphia, de la cordelette, du mastic cicatrisant.

BON À SAVOIR

N'allez pas contre nature dans la formation d'un Bonsaï. Après examen de son aspect, accentuez le caractère afin de transformer les défauts en qualités et de renforcer la personnalité du Bonsaï. N'utilisez pas du fil de fer qui rouille et endommage ainsi l'arbre, lui apportant des risques de contamination. Ne laissez pas le fil s'incruster dans l'écorce, retirez-le avant, en le coupant à l'aide de la pince à fil. Ne coincez pas les aiguilles des conifères entre l'écorce et le fil d'aluminium cuivré.

S.O.S.

Le fil de cuivre est trop incrusté dans l'écorce...
Si le fil de cuivre est trop incrusté dans l'écorce, ne cherchez pas à le retirer ; cela blesserait l'arbre. Laissez-le alors être totalement absorbé par l'écorce au fur et à mesure de son développement. Cela n'est pas néfaste à l'arbre et peut même donner une impression de vieillissement.

1
2
3
4

8 Le rempotage

Le rempotage regroupe trois actions essentielles : le renouvellement des éléments nutritifs par l'apport d'un sol neuf; un développement harmonieux du Bonsaï avec une croissance contrôlée; le développement d'un bon système racinaire par le remplacement d'un sol vieilli, devenu trop compact.

Quand rempoter ?

Plus un Bonsaï est jeune, plus souvent il est nécessaire de le rempoter.
Les conifères se rempotent tous les trois à cinq ans, entre la mi-mars et la mi-mai.
Les arbres à feuilles caduques, tous les deux à trois ans, avant l'éclosion des feuilles.
Les arbres à fleurs ou à fruits tous les un ou deux ans, après la floraison. **Les Bonsaï d'orangerie ou d'intérieur tous les deux ou trois ans,** de début mars à début mai.

Les étapes du rempotage

1. Sortez le Bonsaï de son pot, après l'avoir laissé sécher. S'il est à plein pot ou si le pot a un rebord rentré, utilisez une spatule pour le sortir du pot.

2. Secouez la terre et allongez les racines en les démêlant à l'aide d'une griffe.

3. Taillez entre le tiers et la moitié du chevelu des racines.

4. Gardez l'ancien pot, nettoyez-le bien et désinfectez-le ou choisissez un pot de dimensions légèrement supérieures à celles du pot précédent. Placez une grille de fond de pot sur les trous de drainage du pot.

5. Préparez un mélange terreux correspondant à l'espèce et tamisez-le en deux ou trois granulométries. Disposez une couche de grosse granulométrie.

6. Placez l'arbre en installant bien les racines ; au besoin, attachez-le au pot avec du fil d'aluminium cuivré en vous servant des trous de drainage. Comblez avec la granulométrie moyenne, en tassant légèrement pour laisser l'air et l'eau circuler. Recouvrez de granulométrie fine. Enfin, arrosez abondamment et délicatement en pluie fine. Protégez de tous excès et attendez six semaines avant tout apport d'engrais.

LES OUTILS

Une spatule, une griffe, une paire de ciseaux à lame double tranchant, du fil d'aluminium cuivré de diamètre fin, un tamis muni de trois grilles de granulométries différentes.

BON À SAVOIR

Lorsqu'un Bonsaï a grand besoin d'être rempoté, ses racines entourent la terre et chassent l'arbre de son pot. Il est alors fort difficile de l'arroser correctement. Si ce n'est pas l'époque du rempotage, il faudra lui apporter régulièrement des engrais pour lui permettre de se nourrir.

S.O.S.

Dois-je mettre de la pouzzolane dans mon mélange terreux ?
N'incorporez pas de pouzzolane dans votre mélange terreux, car celle-ci absorbe l'eau et peut être cause du pourrissement des racines. Attention aussi, n'utilisez pas des pots non percés dans leur fond, ni des pots émaillés intérieurement.

1
2
3
4
5
6

9 Les mélanges ter

Chaque espèce d'arbre demande un sol qui lui correspond. Il est évident qu'un cèdre ne vit pas dans la même terre qu'une glycine ou qu'un Serissa. Il est indispensable de se rapprocher le plus possible des besoins de l'espèce lors de la mise en pot d'un Bonsaï. On définit de grandes lignes.

Quand préparer le mélange terreux ?

Préparez le mélange terreux **lors du rempotage.**

Composants pour chaque espèce :
Conifères = 1/3 de terreau + 1/3 de terre végétale + 1/3 de sable de rivière.
Il existe aujourd'hui un mélange préparé par les Japonais, le *Kyriu.* Il s'utilise seul, mais il est nécessaire de préparer une grosse et une moyenne granulométries pour le rempotage.
Arbres à feuilles caduques = 2/3 de terre végétale + 1/3 de sable de rivière.
La terre végétale peut être une terre japonaise très pure, au pH neutre, l'*Akadama.*
Arbres à fleurs et à fruits = 1/2 de terre végétale + 1/2 de terreau. L'*Akadama* peut aussi remplacer la terre végétale.
Arbres de terre de bruyère = 1/2 de terre de bruyère + 1/4 de terreau + 1/4 de tourbe. Les azalées ou rhododendrons bénéficient d'un excellent mélange japonais, le *Kanuma.* On peut leur adjoindre du sphagnum.
Bonsaï d'intérieur = 1/3 de terreau + 1/3 de terre végétale ou *Akadama* + 1/3 de sable de rivière.

Ces proportions ne sont données qu'à titre indicatif et peuvent varier à l'intérieur d'une même catégorie.

Les étapes du mélange

1. Versez dans une bassine les différents substrats nécessaires à l'espèce.

2. Remuez et mélangez entre eux ces composants à la main (ou avec une pelle).

3-4. Tamisez le mélange dans son ensemble en sélectionnant l'une après l'autre les grilles de dimensions différentes.

Les outils

De bons sacs de terre (terreau, terre végétale, sable de rivière...), une bassine, un tamis muni de trois grilles de granulométries différentes.

Bon à savoir

C'est le mélange terreux qui est tamisé et non chaque élément individuellement. N'utilisez pas de sac de terres pour Bonsaï; l'arbre n'y trouve aucune nourriture et un Bonsaï n'est pas un végétal, mais renferme des espèces distinctes qui ont des besoins différents.

S.O.S.

Il me reste du mélange terreux, que faire ?
Bien stocké dans un sac, à l'abri, ce mélange ne s'altère pas dans le temps et peut être conservé jusqu'à la prochaine utilisation.

reux

10 La fertilisation

L'apport d'engrais est indispensable pour nourrir les Bonsaï. Le sol leur apporte les éléments nutritifs, l'eau les désaltère et leur donne certains oligo-éléments, tandis que l'engrais leur donne l'équivalent des protéines ingérées par les humains. L'engrais préconisé, appelé N.P.K., est organique à décomposition lente et composé à parts égales d'azote (N), de phosphore (P) et de potasse (K).

Quand fertiliser ?

En fonction de la catégorie de Bonsaï, les périodes et les fréquences de fertilisation varient. Et, bien sûr, chaque espèce a des demandes auxquelles il est bon de s'adapter. **Bonsaï d'extérieur :** une fois par mois de début mars à fin juin, puis de début septembre à fin novembre. Augmentez la dernière dose automnale pour préparer le Bonsaï à passer l'hiver. **Arbres à fleurs et à fruits :** aux mêmes périodes, mais on modifie l'équilibre du N.P.K. en augmentant la proportion de potasse et en diminuant celle de l'azote. **Bonsaï d'orangerie :** toutes les trois semaines de début mars à fin juin, puis de début septembre à fin novembre. Pour ceux installés en serre tiède en hiver, faire un apport en février. **Bonsaï d'intérieur :** tous les quinze jours de début mars à fin juin, puis de début septembre à fin novembre. Et une fois par mois de décembre à février.

Les étapes de la fertilisation

1. Préférez l'engrais solide (engrais en poudre ou en boulettes) pour les Bonsaï d'extérieur en raison de son odeur forte, désagréable en appartement. Épandez-le loin de la base du tronc, sur un sol humide pour une meilleure adhérence.

2. Passez un balai en coco pour atténuer toute épaisseur. L'engrais ainsi ne brûlera pas la mousse qui peut tapisser le sol.

3. Diluez l'engrais liquide dans l'eau d'arrosage en respectant les proportions indiquées. Cet engrais presqu'inodore apporte les mêmes éléments nutritifs nécessaires à un bon développement.

4. Arrosez à l'aide d'un arrosoir l'engrais dilué sur l'ensemble du Bonsaï.

LES OUTILS

Un vaporisateur, un arrosoir muni d'une pomme et un balai en coco.

BON À SAVOIR

L'engrais organique à décomposition lente se trouve aussi bien sous forme solide que sous forme liquide.

S.O.S.

Quels risques quand on dose trop ou pas assez ?
L'important reste le dosage : un engrais trop fort brûle le Bonsaï. Il vaut mieux une carence à un excès.

1
2
3
Engrais
1 L
4

11 L'arrosage

L'arrosage est une opération difficile. Il faut être attentif aux besoins du Bonsaï. Un arbre qui a soif montre un feuillage terne et mou ; un arbre trop arrosé émet, en grande quantité, des feuilles jaunes qui tombent.

Quand arroser ?

La fréquence et la quantité des arrosages dépendent des saisons et des espèces, du substrat et de la luminosité. **En automne, en hiver et au printemps, arrosez le matin,** pour éviter tout risque en cas de gelées nocturnes et pour que le sol ait le temps de ressuyer avant la nuit. **En été, préférez la fin de journée.**
En règle générale, **plus un arbre est touffu, plus souvent on arrose** puisqu'il y a davantage d'évaporation. **Plus il fait chaud, plus souvent on arrose** puisqu'il y a davantage de transpiration. **Plus le pot d'un Bonsaï est petit, plus fréquemment on arrose,** car la quantité d'eau apportée est moindre. **Plus un arbre est enraciné, plus fréquemment on l'arrose,** car l'eau pénètre moins bien dans le mélange terreux, très compact, et la quantité de racines, abondante, demande davantage de nourriture.

Les étapes de l'arrosage et les remèdes aux excès d'eau

1. À l'aide d'un arrosoir muni d'une pomme, arrosez délicatement et abondamment la terre et les feuilles. Le sol doit être imprégné d'humidité. Donnez, en fonction des dimensions du pot, d'un demi litre à quatre litres d'eau (préférez de l'eau de source ou de pluie ; voir Arroser un Bonsaï, p. 58). Ne bassinez pas en plein soleil.

2. Arrosez de préférence en deux temps. D'abord mouillez le sol, attendez alors quelques instants pour bassiner à nouveau abondamment ; le deuxième apport mouillera en profondeur.

3-4. S'il a beaucoup plu sur un Bonsaï d'extérieur, inclinez le pot pour évacuer le trop plein d'eau. Les racines d'un Bonsaï trop mouillé pourrissent et entraînent la mort du Bonsaï. **Pour permettre au sol de sécher plus vite après un excès d'eau, sortez délicatement l'arbre avec sa motte du pot.** Posez-le perpendiculairement au pot, dans un lieu aéré et ensoleillé modérément.

LES OUTILS

Un arrosoir au long col muni d'une pomme fine. Les arrosoirs japonais sont les plus adaptés.

BON À SAVOIR

Le climat, la région, l'emplacement d'un Bonsaï sont à prendre en compte : un Bonsaï exposé plein sud au 7e étage boira plus fréquemment qu'un Bonsaï situé au rez-de-chaussée. Le vent est un élément desséchant, peut-être plus que le soleil. Par temps venteux, il faudra donc arroser plus fréquemment. Ne laissez surtout pas une soucoupe pleine d'eau sous un Bonsaï.

S.O.S.

Comment arroser un Bonsaï à l'étroit dans son pot ?
Si un Bonsaï est à plein pot, l'eau aura tendance à couler vers les bords du tronc sans mouiller la terre. Il est nécessaire d'humecter une première fois le sol, puis 10 minutes après, d'arroser et de recommencer encore un peu plus tard.

1
2
3
4

12 L'hygrométrie

Les Bonsaï d'intérieur portent une appellation artificielle. Sous nos climats, ils sont placés en intérieur, car, originaires de régions tropicales ou subtropicales, ils demandent une chaleur constante et surtout humide. Pour leur apporter cette hygrométrie, plusieurs solutions sont possibles.

Quand augmenter le taux d'humidité atmosphérique ?

Dès l'achat d'un Bonsaï d'intérieur, il faut penser à une installation permettant de l'humidifier régulièrement.
Dès que le chauffage est allumé, tous les jours, surtout pour les Bonsaï tropicaux.

Les étapes pour augmenter le taux d'humidité atmosphérique (hygrométrie)

1. Avec un vaporisateur, « brumisez » **autour de l'arbre** aussi souvent que possible. Il ne sert à rien de vaporiser le feuillage. En effet, les feuilles sont imperméables et l'eau s'égoutte donc dans le sol, qui ne sèche pas. L'humidité constante de la terre entraîne le pourrissement des racines.

2. Une autre solution consiste à poser le pot sur un plateau en plastique ou en céramique de dimensions nettement supérieures au Bonsaï. Garnissez-le de pouzzolane sur une petite épaisseur. Les billes d'argile étant cuites ne sont pas poreuses et donc ne sont pas efficaces. De surcroît, rondes, elles ne sont pas stables. Maintenez cette pouzzolane humide, mais non trempée.

3. Placez dessus, sans l'enfoncer, le Bonsaï dans son pot. Lors des arrosages, le trop plein d'eau coulera dans la pouzzolane qui l'absorbera. Après quoi, avec la chaleur, en s'évaporant, elle restituera cette eau autour du Bonsaï, créant ainsi un mini-climat humide.

Les outils

Un vaporisateur, un plateau plat en céramique ou en plastique, des sachets de pouzzolane, une eau de préférence non calcaire.

Bon à savoir

Le vaporisateur doit être réservé à la brumisation ou à l'apport d'engrais. Pour les traitements, il est conseillé un autre vaporisateur afin de ne pas risquer de traiter à mauvais escient.
Plus la pièce est lumineuse et chaude, plus le Bonsaï d'intérieur demande une hygrométrie élevée.
Pour que les racines aériennes se développent sur les Ficus, Metrosideros et Schefflera, il faudrait une hygrométrie supérieure à 70° ; cela n'est ni sain ni réalisable en appartement ou en maison.

1
2
3

Le Calendrier

Tout ce qu'il faut faire, mois par mois

des activités de l'année

À FAIRE AU FIL DE L'ANNÉE

Printemps	Été
ARROSER Arrosez minutieusement, surtout les caducs. Cet arrosage détermine la croissance. Espacez les arrosages des Bonsaï d'intérieur à l'arrêt du chauffage.	***ARROSER*** Augmentez la fréquence des arrosages. Arrosage et bassinage doivent être très importants en juillet et août.
FERTILISER Effectuez les premiers apports d'engrais.	***FERTILISER*** Pas d'apports d'engrais en juillet et en août.
TAILLER Effectuez la taille de structure sur les Bonsaï d'intérieur. En avril, taillez les rameaux des caducs à croissance rapide. En mai, taillez ceux des caducs à croissance plus lente, et ceux des Bonsaï d'intérieur. Pincez les bourgeons des fruitiers et des arbres à fleurs, les chandelles des pins et des autres conifères (en avril), ainsi que les aiguilles de certains conifères.	***TAILLER*** Taillez les Bonsaï d'intérieur, ainsi que les genévriers et les caducs. Défoliez les caducs (début juillet pour les espèces à croissance lente) et les Bonsaï d'intérieur à grandes feuilles.
REMPOTER Rempotez les Bonsaï d'extérieur (caducs tardifs, certains arbres à fleurs et conifères) et les Bonsaï d'intérieur et d'orangerie (fin avril au plus tard).	***REMPOTER*** Rempotez les azalées à floraison tardive jusqu'à mi-juillet.
LIGATURER Vérifiez les ligatures. Ligaturez ou déligaturez certains Bonsaï d'intérieur et les caducs.	***LIGATURER*** Ligaturez ou déligaturez les Bonsaï d'intérieur, ainsi que certains caducs.
DIVERS Nettoyez les arbres à fleurs et à fruits. Effectuez un traitement curatif contre les parasites et les maladies. Nettoyez les fleurs fanées sur les fruitiers.	***DIVERS*** *Jin* sur certains conifères. Effectuez un traitement curatif contre les parasites et les maladies.

Automne	Hiver
ARROSER Diminuez la fréquence des arrosages.	*ARROSER* Diminuez la fréquence des arrosages. Surveillez l'hygrométrie des Bonsaï d'intérieur. À l'extérieur, surveillez l'humidité du sol pour adapter les arrosages en fonction des intempéries.
FERTILISER Reprenez les apports d'engrais.	*FERTILISER* Pas d'engrais pour les Bonsaï d'extérieur. Espacez la fréquence des apports pour les Bonsaï d'intérieur.
TAILLER Taillez les Bonsaï d'intérieur, ainsi que les caducs en prévision de l'hiver. Pincez et nettoyez certains conifères.	*TAILLER* Effectuez une taille de structure sur les caducs (en février).
REMPOTER Seuls les cognassiers et les jasmins peuvent être rempotés jusqu'à la mi-automne.	
LIGATURER Déligaturez les caducs, les conifères et certains Bonsaï d'"intérieur.	*LIGATURER* Ligaturez les conifères et certains Bonsaï d'intérieur.
DIVERS Effectuez un traitement curatif contre les parasites et les maladies. Nettoyez les fruitiers.	*DIVERS* Enlevez les protections hivernales. Nettoyez tous les Bonsaï. Préparez les arbres à l'hiver en vérifiant le bon emplacement des feuillus et des fruitiers en fonction du temps. Installez des protections hivernales uniquement en cas de gel. Effectuez un traitement préventif contre les parasites et les maladies.

Outils : ciseaux à double tranchant, pince à branches, spatule, râteau, fil d'aluminium cuivré.

Transformer un jeune plant en Bonsaï

En pépinière ou dans certains magasins spécialisés, on trouve de jeunes plants d'arbres. Certains sont préformés pour devenir Bonsaï, d'autres sont cultivés pour être plantés dans les jardins. Ces sujets pourront devenir Bonsaï après quelques travaux et quelque temps. Ces jeunes plants doivent avoir au minimum trois ou quatre ans. Ils peuvent aussi être plus âgés.

Gestes de base
La taille de structure p. 10
Le ligaturage p. 18
Le rempotage p. 22
Les mélanges terreux p. 24
La fertilisation p. 26
L'arrosage p. 28
Dictionnaire
Fertiliser p. 113
Nebari p. 113

Comment procéder ?

Tout d'abord, vérifier les racines. Elles doivent être saines, blanches, chevelues et souples. Regarder le tronc et l'attache des racines au *Nebari*. Certains arbustes peuvent être rabougris ou tortueux; il y aura alors un travail intéressant de mise en forme, même si le style est déjà défini. L'important est de ne pas choisir un arbre trop haut, car il est plus difficile de le réduire en hauteur. Cependant, le coup de foudre pour un sujet est important. Il faut presque se laisser choisir par le jeune plant.

En achetant ce genre de végétal, il faut aussi avoir une idée du style que l'on veut créer : forêt, paysage, droit non classique, cascade, sinueux, battu par les vents. En choisissant le jeune sujet, regardez les racines, la base du tronc et la façon dont les branches partent du tronc, allant en s'affinant.

Lorsque l'on a trouvé le sujet, il faut acheter un pot en céramique qui conviendra et empoter à la bonne période avec le bon mélange terreux.

Mais avant de rempoter, il est nécessaire de tailler les branches et les rameaux. Si le sujet est touffu, il faudra bien élaguer en retirant les branches qui se croisent, qui sont parallèles, puis passer du mastic cicatrisant. On ne taille pas après un rempotage. Si le jeune plant est très haut, et que les branches du haut le permettent, il pourra être étêté.

Quelles espèces choisir ?

Les jeunes plants peuvent appartenir à toutes les espèces : conifères, caducs, fruitiers, arbres à fleurs, arbres d'orangerie ou tropicaux. Mais il est difficile de trouver ces deux dernières catégories en dehors de magasins vendant des Bonsaï.

Quand intervenir ?

L'achat du jeune plant peut se faire toute l'année. Le travail de taille se fera en fin d'hiver et durant la période végétative. La mise en pot aura lieu au printemps. En attendant la bonne période de rempotage, le jeune plant devra être entretenu comme s'il s'agissait d'un Bonsaï : protections, arrosage, fertilisation, ligaturage et taille.

➔ Bon à savoir

Il est interdit de prélever des végétaux dans le domaine public. Par ailleurs, de nombreux arbres prélevés ne reprennent pas, meurent rapidement. Certains peuvent vivre deux à trois ans sur leurs réserves avant de mourir.

Un jeune plant prêt à être transformé (ci-contre). Transformation d'un Pinus sylvestris *de 15 ans issu de graine en un Bonsaï de style* Fukinagashi, *battu par les vents (ci-dessus).*

Créer un Saikeï

Cet art du paysage représente la nature en miniature. Ainsi, le sable symbolise l'eau, les cailloux ou pierres symbolisent le chemin, les roches sont les montagnes. Sa réalisation est assez facile. On procède comme pour un rempotage. Il convient de choisir des essences variées qui s'harmonisent entre elles et se mettent mutuellement en valeur.

Comment procéder ?

Choisir des jeunes plants ou des Bonsaï encore jeunes et peu formés. Souvent, des arbres qui ne seraient pas beaux seuls ont un bel effet dans une composition. Choisir une poterie assez plate, le plus neutre possible, percée en son fond. Couvrir les trous de drainage d'une grille en plastique. Étaler une couche de grosse granulométrie. Tailler les racines des Bonsaï et des jeunes plants, et les enrober d'un mélange terre et argile humidifié. Installer les arbres à l'endroit prévu. Pour donner de la profondeur au paysage, placer les roches en retrait du ou des Bonsaï. L'orientation des roches sera en harmonie avec celle des Bonsaï. Elles peuvent être plus grandes ou plus petites que les Bonsaï suivant le paysage souhaité. Combler les creux avec la terre de granulométrie moyenne, en tassant légèrement. Surfacer en créant des creux et des bosses afin de donner l'illusion de vallons et de collines. Arroser en pluie fine avec délicatesse et abondance. Disposer le sable et les graviers pour simuler l'eau ou les sentiers, la mousse pour plus de réalisme, installer aussi des petites herbes et des figurines à l'échelle du *Saikeï*. Protéger des intempéries et le considérer comme un Bonsaï nouvellement rempoté.

Quelles espèces choisir ?

Tous les Bonsaï conviennent à l'art du paysage. Mais penser à privilégier les arbres jeunes et à petites feuilles, sans trop de caractère.

Quand intervenir ?

Lors de la reprise de végétation, en fonction des espèces. Le *Saikeï* peut évoluer et il est possible de changer le tableau lors du rempotage.

➔ Bon à savoir

Un Saikeï se dessèche plus vite qu'un Bonsaï parce que la poterie est très plate. Il est donc nécessaire d'arroser fréquemment. Il faut aussi, en hiver, le protéger du gel.

Les roches choisies ont autant d'importance que l'ensemble des jeunes Bonsaï. Ce sont elles qui, par leur forme, leurs coloris et leur emplacement donnent son style et son caractère au paysage. Au Japon, on distingue les roches de montagne, d'îlots, de colline, de plage.

Picea glehnii, *épicéas de 30 ans issus de graines.*

Gestes de base
Le rempotage p. 22
L'arrosage p. 28
Dictionnaire
Surfacer p. 114

OUTILS : fil d'aluminium cuivré, ciment à prise rapide, piolet, bas.

Créer un paysage d'extérieur sur roche

Au Japon, la roche représente la montagne et symbolise la force créatrice de la nature. Les arbres qui s'y agrippent sont les formes mouvantes de la pensée. Le paysage se doit de donner un aspect léger, naturel, épuré et élégant.

Gestes de base
Le rempotage p. 22
Catalogue
Érable p. 72, 73
Charme p. 76
Micocoulier p. 78
Cognassier p. 79
Cotonéaster p. 81
Genévrier p. 88-89
Pin p. 95
Pyracantha p. 100
Rhododendron p. 102
Orme p. 109
Dictionnaire
Sphagnum p. 114
Vaporisation p. 114

Pinus pentaphylla *kokonoe, pins à cinq aiguilles de 12 à 15 ans.*

Comment créer un paysage sur roche ?

Opter pour une poterie bien plate ou un plateau non percé. Choisir une belle roche dont la matière et les coloris s'harmoniseront avec les végétaux sélectionnés, avec des cavités où les Bonsaï s'enracineront. Choisir des arbres de dimensions différentes ; le plus grand sera le principal. Après avoir planté l'arbre principal, installer un Bonsaï de moyenne importance, en le mettant en valeur sans qu'il prenne le pas sur le grand. Placer enfin le ou les plus petits qui doivent s'harmoniser avec les autres. Pour finir, installer des mousses, des fougères ou de mini plantes de rocaille dans de petites cavités.

Attacher les Bonsaï à la roche à l'aide de fil d'aluminium cuivré. On peut fixer le fil avec du ciment à prise rapide, en l'insérant à l'aide d'un petit piolet dans une cavité de la roche. Enserrer les racines d'un mélange de tourbe et d'argile, et les enfoncer dans la cavité en asseyant bien les arbres. Couvrir de *Ketoh* et de sphagnum humide. Au besoin, maintenir les plantations en enveloppant la roche et ses végétaux d'un bas qui laisse passer l'air et l'humidité. Ce bas pourra être enlevé au bout de dix mois environ, quand de nouvelles pousses apparaîtront. Abriter du vent et du plein soleil du plein été.

Quelles espèces choisir ?

Les arbres pourront être d'essences différentes, mais avec une dominante. Préférer toujours des variétés à petites feuilles. On peut conseiller les cryptomérias, les pins et sapins, les genévriers, les charmes, les érables et les ormes, les saules et les micocouliers, les rhododendrons, les cotonéasters et les pyracanthas, les spirées, les jasmins et les cognassiers.

Quand intervenir ?

Au départ de la végétation, comme pour un rempotage classique de Bonsaï, c'est-à-dire entre la fin février et le début mai.

➔ Bon à savoir

Pour éviter son décollement, vaporiser la terre, une fois le bas et les fils d'aluminium cuivré retirés. Pour favoriser l'humidité du sol comme de l'air, placer de l'eau dans la poterie quand la roche est posée directement sur un plateau.

On peut jouer sur les contrastes de matières, de textures et tous contrastes possibles en plantant des bambous nains, des Nandina, *des orchidées miniatures, des plantes alpines ou de rocailles. Le but est d'harmoniser le feuillage vert des Bonsaï et celui, rouge, des plantes.*

Créer une forêt

Peut-être est-ce la forêt qui fait le plus rêver un amateur de Bonsaï. Il suffit de choisir une espèce d'arbres, conifères ou feuillus, ou encore Bonsaï d'intérieur. En effet, presque toutes les essences peuvent être travaillées en forêt, à condition de ne pas mélanger les espèces, afin d'homogénéiser les conditions d'entretien.

Quel genre de forêt miniature peut-on créer ?

Choisir des Bonsaï de dimensions et d'âges variés. Il est possible de partir à la fois de jeunes plants et de Bonsaï plus âgés. Le nombre d'arbres devra être impair. Les arbres à petites feuilles ou à courtes aiguilles auront un meilleur rendu. Il faut ensuite déterminer quel aspect aura la forêt : profonde, dense et touffue ou battue par les vents, une forêt de plaine ou de montagne. On peut aussi jouer sur la perspective : créer une forêt qui semble lointaine ou, au contraire, donner l'illusion de se trouver à l'orée. L'idée est de recréer les styles de forêts que l'on rencontre ou que l'on connaît. En fonction du souhait de réalisation, les Bonsaï seront plus ou moins rapprochés. Les espaces entre les arbres doivent être inégaux.

Vue partielle de forêt de Picea glauca *conica, épinettes du Canada de 28 ans environ, avec mousse.*

Comment procéder ?

Il faut, une fois le style et le nombre d'arbres déterminés, choisir une poterie bien plate, un plateau ou même une roche plate. Placer une grille sur les trous de drainage et préparer le mélange terreux correspondant à l'espèce.

Étaler la grosse granulométrie du mélange dans le pot. Dégager les troncs des arbres ; ce travail pourra être repris une fois les Bonsaï installés. Planter en premier les Bonsaï principaux de la forêt, au besoin les attacher au pot. Les arbres les plus grands seront plantés à l'arrière, les Bonsaï moyens de chaque côté, irrégulièrement et de façon asymétrique. Placer les plus petits devant et aux extrémités.

Couvrir les racines de chaque arbre d'une motte de terre humide. Combler les vides à l'aide de la moyenne granulométrie du mélange. Tasser légèrement pour que l'air et l'eau puissent circuler. Surfacer de fine granulométrie. Arroser abondamment et délicatement en pluie fine.

Épandre un engrais organique à décomposition lente dont le N. P. K. est de 5.18.0. Puis attendre deux mois avant tout nouvel apport d'engrais équilibré. Protéger bien des excès d'eau, de soleil, de vent, de froid. Au besoin, semer une mousse fine, tracer un sentier, ajouter de petites roches.

Quelles espèces préférer ?

Les cryptomérias, les pins et sapins, les mélèzes et les genévriers, les hêtres, les charmes, les érables et les ormes, les oliviers, les ficus, les Serissa, les Eugenia, les Rhapis et les bambous.

Quand intervenir ?

La plantation d'une forêt s'effectue au printemps, au moment du départ de la végétation, comme un rempotage. Les caducs seront plantés de préférence en mars, avant l'éclosion des bourgeons, les conifères en avril. Les forêts se rempotent régulièrement dans leur ensemble, sans séparer les arbres, tous les trois à cinq ans. Les branches extérieures doivent être plus longues que les intérieures. Éviter qu'elles ne se croisent ou ne se superposent. Plus il y a de Bonsaï, moins les branches seront nombreuses. L'accent est mis sur les troncs et leur *Nebari*.

➔ Bon à savoir

La forêt n'utilise pas impérativement toute la surface de la poterie. Elle peut être plantée dans un angle. Elle peut s'étirer en long sur une faible profondeur au milieu du pot.

Le côté où les arbres sont le moins espacés entre eux sera celui où les Bonsaï sont les plus hauts.

Pour plus de réalisme, séparez la forêt en deux parties asymétriques en vallonnant un peu le sol, chaque côté comportant un nombre impair d'arbres. On peut aussi laisser au milieu du bosquet un arbre mort et travaillé en Jin.

Forêt de Ficus neriifolia *âgés de 7 à 12 ans.*

Gestes de base
Le rempotage p. 22
Les mélanges terreux p. 24
La fertilisation p. 26
L'arrosage p. 28
Catalogue
Érable p. 72, 73
Charme p. 76
Eugenia p. 84
Hêtre p. 85
Ficus p. 86
Genévrier p. 88-89
Mélèze p. 90
Olivier p. 93
Pin p. 95
Serissa p. 103
Orme p. 109
Dictionnaire
Nebari p. 113
Surfacer p. 114

Avril *Tour de main*

Outils : boîte ou carton, papier de soie, spatule, vaporisateur, brosse métallique ou en poils de plastique dur.

Implanter de la mousse au pied d'un Bonsaï

Avoir un joli tapis de mousse sur le sol d'un Bonsaï apporte une impression plus sereine. Toutes les mousses ne sont pas adaptées aux Bonsaï. Les mousses dodues trouvées en sous-bois sont trop épaisses et étouffent le Bonsaï.

Comment obtenir un joli tapis de mousse ?

Soit le Bonsaï est en situation humide et la mousse se développera toute seule. Soit la région est venteuse et sèche, et il faudra implanter manuellement la mousse. Il est cependant très difficile de faire vivre de la mousse sur les Bonsaï qui vivent en intérieur en raison d'une hygrométrie trop faible.

Récolter sur les murs, les bancs ou autres lieux la mousse vert sombre qui s'y est incrustée. La faire sécher sur un papier journal, buvard ou de soie. L'émietter. La saupoudrer sur le sol humide du Bonsaï. Attendre que la mousse se développe.

Il est aussi possible de décoller délicatement des plaques de mousse fines sur de vieux supports en bois vermoulus, sur des troncs d'arbre ou sur des murs en pierre. Placer les plaques dans un papier de soie à l'intérieur d'une boîte ou d'un carton. Vaporiser pour les empêcher de sécher. Les installer sur le sol humide du Bonsaï en plaques espacées. Utiliser une spatule permettant de tasser légèrement les plaques sur le sol. Petit à petit, la mousse va gagner toute la surface du pot.

Quel entretien ?

Pour conserver la mousse sur la terre du Bonsaï en attendant qu'elle soit bien implantée, vaporiser régulièrement entre deux arrosages du Bonsaï. Ne pas utiliser une eau trop froide ou trop calcaire.

Ne pas laisser la mousse envahir le *Nebari*, ni gagner sur le tronc. Si elle ne peut être retirée manuellement, la brosser à l'aide d'une brosse métallique ou en poils de plastique dur.

Champignons (non nocifs) au pied d'un Carpinus coreana, *charme de Corée.*

➔ Bon à savoir

Certaines mousses prélevées sur des troncs d'arbre peuvent être porteuses de champignons. S'assurer que ces mousses sont saines avant toute (trans)plantation. Les mousses que l'on peut implanter sans risque (à l'exclusion de parasites toujours possible) sont : Bryum argenteum, Weisia viridula, Pogonatum condortum.

La mousse retient l'eau et conserve une certaine humidité au sol du Bonsaï plus en surface qu'en profondeur. Doser les arrosages en évitant les excès d'eau. Lors des apports d'engrais, soulever la mousse pour implanter les engrais en boulettes. Lorsqu'ils sont sous forme liquide, insister davantage lors des arrosages. Enfin, en poudre, s'ils ont une composition organique équilibrée, ils ne brûleront pas la mousse, à condition d'être finement saupoudrés puis balayés à l'aide d'un balai en coco pour un épandage uniforme.

Gestes de base
L'arrosage p. 28
L'hygrométrie p. 30
Dictionnaire
Hygrométrie p. 113
Nebari p. 113
Vaporisation p. 114

Outils : fil d'aluminium cuivré, vaporisateur, bas.

Créer un paysage d'intérieur sur roche

Les Bonsaï d'intérieur plantés sur des roches représentent la plupart du temps les paysages de Chine. Le plus fameux, et donc le plus copié, est celui de Guilin. Le paysage est planté dans les anfractuosités d'une roche, elle-même posée sur un plateau empli d'eau ou garni de sable fin. La roche symbolise l'île ou la montagne.

Comment procéder ?

Choisir de préférence des roches spongieuses avec des cavités assez profondes pour y planter des petits Bonsaï ou des jeunes plants. Placer dans les cavités un peu de mélange tourbe et argile, et l'humidifier à l'aide d'un vaporisateur.

Préparer les Bonsaï choisis comme pour un rempotage en taillant bien les racines. Puis les enfoncer dans les cavités, les couvrir du mélange tourbe/argile et fixer les végétaux à la roche avec du fil d'aluminium cuivré. Pour plus de naturel, laisser une ou deux racines sorties et les faire courir sur la roche. La maintenir avec du *Ketoh* (voir p. 44).

Une fois tous les Bonsaï disposés sur la roche à des niveaux différents, terminer en implantant au bas de la roche des herbes ou des plantes qui peuvent vivre en intérieur. Couvrir de sphagnum, vaporiser et, au besoin, attacher le tout à l'aide d'un bas. Placer à la lumière et à la chaleur.

La difficulté est de doser correctement l'humidité : ne pas détremper et ne pas laisser dessécher. Attendre deux mois avant tout apport d'engrais.

Quelles espèces choisir ?

Les arbres peuvent être de même espèce ou d'espèces différentes, mais il est bon de ne pas choisir des variétés trop disparates. Préférer des espèces à petites feuilles comme le bambou, les Carmona, les Eugenia myrtifolia ou jambolana, les Serissa, les Ulmus, les Crassula et Portulacaria, les Zanthoxyllum, les Ficus viandii, natasha ou neriifolia.

Quand intervenir ?

Au printemps. Ce paysage ne se rempote pas. Cependant, il peut être nécessaire d'ajouter un peu de mélange terreux quand celui-ci est épuisé.

➔ Bon à savoir

Remettre régulièrement de l'eau dans le plateau pour hydrater et nourrir la plantation par capilarité.

Si le paysage ne se rempote pas, il est bon de tailler les Bonsaï lorsqu'ils se sont bien développés et de maintenir ras les petites herbes ou plantes.

Ulmus parvifolia chinensis, *ormes de Chine de 15 et 20 ans. Helxine au pied de la roche.*

Gestes de base
La taille de structure p. 10
La taille des rameaux p. 14
Le rempotage p. 22
Les mélanges terreux p. 24
Catalogue
Carmona p. 75
Eugenia p. 84
Ficus p. 86
Portulacaria p. 98
Serissa p. 103
Ulmus parvifolia chinensis p. 106
Zanthoxyllum p. 108
Dictionnaire
Sphagnum p. 114
Vaporisation p. 114

Les différents substrats

Un Bonsaï est un arbre cultivé dans un pot. Il est impératif de recréer la compostion de son sol en mélangeant les différents substrats dans les bonnes proportions. Certaines espèces possèdent des demandes très voisines, d'autres sont très différentes.

Définitions des différents substrats

On appelle sol la partie superficielle de la croûte terrestre. Il est composé essentiellement de roches désintégrées et de résidus organiques amalgamés en quantités variables. Il est considéré suivant ses qualités productives. Un sol dont la teneur en hydrogène est égale à la concentration d'hydroxyde est classé neutre ; son pH est égal à 7. Lorsque la teneur dépasse la concentration d'hydroxyde, le sol est dit acide, son pH est inférieur à 7. Cette acidité montre souvent une présence de tourbe. En revanche, si la teneur est supérieure, le sol est dit alcalin ; son pH est supérieur à 7. On le trouve dans des régions à faibles précipitations.

Les différents substrats.

- **L'argile** est un type de sol naturel, constitué d'infimes particules provenant de l'action chimique et de l'érosion de la roche. Riche en silicate de potassium et en agglomérats d'aluminium, elle est dite rouge quand elle contient des minéraux ferreux et noirs quand il y a présence de substances charbonneuses. Imperméable, elle devient malléable quand elle est imbibée d'eau.
- **Le sable** est un type de sol naturel formé de minuscules grains de roches et de fragments de minéraux. Pour les Bonsaï, on préférera le sable de rivière dont les gravillons sont plus polis au sable de montagne qui convient aux pré-Bonsaï. Le sable de mer est à prohiber.
- **L'humus** est un type de sol naturel composé de matières animales et végétales décomposées et lentement intégrées à la matière minérale du sol. Souvent noirâtre et spongieux, il a une forte capacité d'échanges nutritifs. On le nomme couramment « terre végétale ».
- **La terre de bruyère** est l'humus brut. Très acide, son pH est de 4, elle résulte de la décomposition lente de végétaux en milieu privé d'oxygène, sur des roches pauvres et très acides, et contient de la silice.
- **La tourbe**, composée de matières organiques d'origine végétale déshydratée et pressée, possède une bonne capacité d'humidité et des propriétés de rétentions d'éléments nutritifs.
- L'*Akadama* est une terre japonaise composée de grains d'argile qui favorisent un bon drainage et permettent une bonne oxygénation des racines. Cette terre, plus ou moins dure, est très résistante au tassement et à la décomposition dans le temps. Son pH : de 6,5 à 6,9.
- Le *Kanuma* est un mélange terreux japonais composé d'argile issue d'un milieu privé d'oxygène, au pH très acide.
- Le *Kyriu* est un mélange terreux japonais composé d'argile et de gravier.
- Le *Ketoh* est une sorte de terre japonaise, spongieuse, sans éléments nutritifs.

➔ Bon à savoir

Les différentes espèces d'arbres ont des besoins différents. Il est donc clair qu'une terre dite pour Bonsaï ne peut donc pas exister, et ce d'autant moins qu'un Bonsaï n'est pas une variété de végétal.

Gestes de base
Les mélanges terreux p. 24
Dictionnaire
Akadama p. 112
Kanuma p. 113
Ketoh p. 113
Kyriu p. 113

Outils : vaporisateur, désinfectant pour outils, paire de ciseaux à double tranchant.

Reconnaître et traiter les maladies

Les maladies peuvent être fongiques, virales ou cryptogamiques. Elles attaquent davantage les arbres affaiblis. Le temps d'incubation dépend de la maladie, de l'essence, du climat.

L'oïdium

Le feuillage est recouvert d'une sorte de feutre blanc. La maladie se développe dans les lieux chauds, secs et confinés.

• Remède : Placer le Bonsaï dans un lieu aéré et plutôt ensoleillé. Laisser sécher le sol, mais apporter une bonne hygrométrie. Le soufre est un moyen de lutte préventif.

La fumagine

Affection courante sur les espèces d'ornement. Elle se reconnaît par la présence d'une sorte de suie légèrement poisseuse et de croûtes noirâtres sur les rameaux, les tiges et les feuilles.

C'est la suite logique d'une présence installée de parasites, souvent des cochenilles. La fumagine se développe sur le miellat.

• Remède : Détruire les insectes et passez un coton imbibé d'alcool à 70°.

Les rouilles

Il en existe différentes. Mais toutes débutent par l'apparition de taches sur le feuillage, puis de déchirures et de pustules. Elles sont dues à un champignon qui hiberne sous forme de spores dans le sol ; la contamination se fait par les spores disséminées dans l'atmosphère par les pluies au printemps. Lorsque les plaies se creusent, de la résine s'en écoule.

• Remède : Tailler les parties malades et passer un fongicide.

La verticilliose

Le champignon pénètre dans les racines au niveau du collet et remonte dans l'arbre.

Très souvent due à des blessures, cette maladie se transmet aussi par les outils. Fréquente chez les érables, elle se reconnaît à la présence de traits noirs sur les branches et les rameaux et à l'écorce nécrosée.

• Remède : Éviter les sols trop azotés, l'excès de tourbe, surtout chez les jeunes arbres. Tailler et brûler les parties malades et traiter avec un fongicide minéral.

Fumagine sur Ficus panda.

➔ Bon à savoir

Les maladies sont plus faciles à éviter sur des Bonsaï régulièrement taillés et rempotés, arrosés et fertilisés de façon équilibrée, et situés dans un lieu qui convient à l'espèce.

Pour éviter la propagation de la maladie, il est fortement conseillé de désinfecter les outils avant et après leur utilisation, et entre chaque Bonsaï. Avant de rempoter, nettoyer et désinfecter le pot avec une eau javellisée. Bien rincer le pot ensuite.

Passer du mastic cicatrisant sur les plaies et sur les tailles de branches.

Oïdium sur Acer palmatum.

Gestes de base
La taille de structure p. 10
La taille des rameaux p. 14
Le rempotage p. 22
La fertilisation p. 26
L'hygrométrie p. 30
Catalogue
Érable p. 72, 73
Dictionnaire
Fertiliser p. 113
Hygrométrie p. 113

Mai **S.O.S.** **Outils :** vaporisateur, désinfectant pour outils, paire de ciseaux à double tranchant.

Reconnaître et traiter les parasites

Comme tous les végétaux, les Bonsaï sont sujets aux attaques de parasites. Ces présences doivent être décelées et traitées pour éviter d'importants dégâts. Il existe toutes sortes de traitements curatifs et préventifs. Mais, avant de traiter, il est impératif de reconnaître le parasite. Les insectes qui attaquent les Bonsaï sont les mêmes que ceux présents sur les autres végétaux.

Carapaces de cochenilles sur des branches de Phillyrea angustifolia.

Les nématodes

Ce sont des ravageurs qui s'attaquent aux racines (à l'exception des nématodes ectoparasites). Leurs piqûres provoquent des lésions donnant des champignons et des galles, qui permettent la prolifération de vers. Le feuillage jaunit, la croissance est retardée, le sol est privé de fer, les racines pourrissent.

- Remède : Utiliser des terres désinfectées. Laisser sécher le sol, car les vers ne se déplacent pas en terrain sec. Traiter avec un insecticide à action nématicide.

Les mollusques

Il s'agit surtout des limaces et des escargots. Les sols chauds et humides favorisent leur présence. Ils sont surtout actifs la nuit et après la pluie. Ils provoquent des cavités souterraines et le feuillage est déchiqueté, seules les nervures subsistent.

- Remède : Retirer les mollusques visibles, laisser sécher le sol et utiliser un anti-limaces à placer autour du pot.

Les acariens

Ce sont des araignées pour la plupart si minuscules qu'on ne les voit pas à l'œil nu. Les acariens s'installent surtout au revers du feuillage. Parfois, on aperçoit les fils qu'ils tissent entre deux feuilles. Le feuillage jaunit et parfois est piqué de points bruns. Les boutons floraux comme les feuilles sèchent et tombent, parfois s'enroulent. Les acariens aiment les chaleurs sèches.

• Remède : Les nouvelles générations d'acariens sont plus résistantes. Il faut par conséquent bien traiter et varier les traitements. Utiliser des acaricides spécifiques.

Les pucerons

Ils peuvent être verts, noirs ou laineux. Ils s'installent au revers du feuillage en colonie et le déforment.

• Remède : Élever l'hygrométrie. Faire un traitement anti-pucerons.

Les cochenilles

Elles sont très néfastes. Sous forme farineuses ou dotées d'une carapace dure, immobiles ou se déplaçant, elles s'installent partout. La prolifération de fourmis, attirées par le miellat, indique leur présence.

• Remède : Passer un coton imbibé d'alcool à 70° sur toute la ramure et le tronc du Bonsaï et traiter avec des anti-cochenilles.

➔ Bon à savoir

En cas de doute quant à l'identification du parasite, ne pas hésiter à interroger un spécialiste.

Faire plusieurs traitements en respectant les doses préconisées et les délais entre deux traitements.

Traiter après avoir arrosé le Bonsaï, afin que la terre soit humide. Ainsi, le Bonsaï ne sera pas assoiffé et il absorbera le traitement en douceur, sans se brûler.

Ne jamais utiliser de bombes pour traiter. Choisir des produits à diluer dans l'eau ou à vaporiser.

Vaporiser les produits « de contact » sur l'ensemble du Bonsaï : tronc, branches, feuilles, sur leurs face et revers. Ne pas tremper le sol avec le produit, sauf pour traiter les pucerons de racines.

Gestes de base
L'arrosage p. 28
L'hygrométrie p. 30
Dictionnaire
Hygrométrie p. 113
Vaporisation p. 114

Ulmus parvifolia, *orme de Chine de 30 ans, issu de graine. La vaporisation sur et sous la feuille doit mouiller feuillage et tronc.*

Sortir les Bonsaï d'intérieur

Les Bonsaï dit « d'intérieur » pourront ou devront être sortis aux beaux jours. L'exposition choisie devra être celle qui convient à l'espèce. Attention : si les Bonsaï ont un réel besoin de soleil, il faut leur éviter le plein soleil en plein été entre 13 heures et 16 heures.

Quelles espèces sortir ?

Les arbres qui peuvent être sortis dès la fin des risques de gelées et jusqu'au premiers frimas sont : les Serissa, les Podocarpus, les Ulmus parvifolia chinensis.
Ceux qui ne seront sortis que pendant les beaux mois sont : les Murraya, les Ficus, les Eugenia, les Carmona, les Portulacaria.

Quand sortir les Bonsaï d'intérieur ?

Certains seront installés dehors du printemps à la fin septembre ou mi-octobre. D'autres ne sortiront que pendant l'été. Mais ces périodes ne sont qu'indicatives. Il faut les adapter en fonction de la localisation géographique et des particularités météorologique de chaque année.
Choisir une journée un peu nuageuse et pas trop chaude pour sortir les Bonsaï. En effet, leur feuillage habitué à la luminosité d'un intérieur risquerait de souffrir un peu.

En haut : Ulmus parvifolia chinensis, *orme de Chine âgé de 29 ans, style* Nejikan ; *à gauche :* Podocarpus maki, *pin des Bouddhistes, âgé de 16 ans, style* Nejikan ; *devant :* Serissa japonica, *« neige de juin » ou « ciel de Pékin » âgé de 28 ans, style* Tachiki.

Quand rentrer les Bonsaï d'intérieur ?

Il faudra rentrer les Bonsaï d'intérieur avant la venue du froid, et surtout avant d'allumer le chauffage pour que les arbres ne subissent pas une trop grande différence thermique. Un peu de frais ne leur est pas néfaste. Ils supportent d'ailleurs mieux une petite gelée automnale que printanière.

➔ Bon à savoir

Quand un Bonsaï a pris ses quartiers d'été, il faut le laisser dehors jusqu'à l'automne et éviter de le rentrer et de le sortir à plusieurs reprises dans un laps de temps bref. Car, quand on bouge un Bonsaï, il connaît une période d'adaptation plus ou moins longue durant laquelle quelques feuilles jaunissent et tombent.
Ne pas oublier d'adapter la fréquence des arrosages abondants en fonction de la température, de la lumière, du vent, de l'atmosphère.

Si on n'a pas la possibilité de sortir un Bonsaï d'intérieur, ce n'est pas grave ; il suffit de lui apporter une très grande luminosité, ainsi qu'une douce aération.
Si l'arbre reçoit les rayons du soleil à travers une vitre, il faut simplement veiller à ce que ces derniers ne soient pas brûlants. Le Bonsaï vivra tout aussi bien et tout aussi longtemps.

Les Bonsaï ne souffrent pas du fait que les nuits sont plus fraîches que les jours, au contraire. Il ne faut donc pas rentrer le soir un Bonsaï sorti la journée.

Gestes de base
L'arrosage p. 28
Catalogue
Carmona p. 75
Eugenia p. 84
Ficus p. 86
Murraya p. 92
Podocarpus p. 97
Portulacaria p. 98
Serissa p. 103
Ulmus parvifolia chinensis p. 106
Zanthoxyllum p. 108

OUTILS : couteau à bois, pince à branches, papier de verre, produit décapant pour bois ou pour *Jin*, pinceau en martre.

Le Sabamiki

Sabamiki *signifie « tronc creux ou fendu ». Cette technique a pour but de donner l'illusion d'un arbre très âgé, dont le tronc a été endommagé par la foudre, les intempéries et les années. On la pratique essentiellement sur des arbres qui vivent en montagne ou en régions côtières.*

Détail de Jin *et de branche creusée en* Sabamiki *sur un* Taxus cuspidata, *if.*

Comment procéder ?

Choisir un Bonsaï dont le tronc est abîmé ou qui possède une vilaine grosse branche à couper. Avec un couteau à bois, évider la partie du tronc indésirable. La fente peut être plus ou moins grosse en fonction de l'arbre ou du choix de son propriétaire. Le résultat doit avoir un aspect naturel. Appliquer la méthode du *Jin* et du *Shari*, c'est-à-dire écorcer le tronc autour de la fente avec un couteau à bois. Traiter la cavité avec un produit décapant pour bois pour éviter qu'elle ne devienne nid à parasites ou foyer à infections. Très blanche après le passage du produit, la cavité retrouvera vite un ton naturel grisé.

Quelles espèces choisir ?

Les arbres qui poussent en montagne ou en bords de mer, accidentés, sont les plus adaptés. Les pins, les sapins, les mélèzes, les genévriers, les abricotiers, les amandiers, les ormes. La liste n'est bien sûr pas exhaustive.

Quand intervenir ?

La meilleure période tant pour creuser le tronc que pour passer le produit se situe en été, par une journée chaude et sèche. Il faut donc agir en juin, juillet ou août. Passer le traitement à deux reprises à un mois d'intervalle. Il est indispensable de renouveler le traitement du bois à l'intérieur de la cavité tous les deux ans.

➔ Bon à savoir

- *Prendre bien soin de ne pas déborder en passant le produit à bois afin de ne pas risquer de faire mourir l'arbre. Bien délimiter la partie à écorcer autour de la cavité.*
- *Il est indispensable de traiter pour détruire toutes infections ou présence de parasites dans la cavité.*

Taxus cuspidata, *if âgé de 70 ans travaillé en style* Sabamiki.

Juin | *Modèle* | **Outils :** une pince à *Jin*, des ciseaux et autres outils à bois (ou une trousse à *Jin*), du papier de verre, produit décapant pour bois ou pour *Jin*, un pinceau.

Le Jin

Ce mot japonais signifie « pointe morte ». Il s'agit de tirer parti d'une extrémité dénudée, soit à la cime du tronc, soit à l'extrémité d'une grosse branche, voire sur la branche dans son entier. Cette technique permet de conserver une branche morte ou cassée, quand la supprimer pourrait déséquilibrer la silhouette du Bonsaï.

Détail de Jin *sur branche morte de Juniperus chinensis.*

Juniperus chinensis *sargentii de 85 ans travaillé en* Jin.

Comment procéder ?

Choisir une branche morte. La casser en son extrémité de façon naturelle. Écorcer délicatement la branche et l'épointer. Lorsque le bois est à nu, passer du papier de verre fin dans le sens du bois. Vaporiser de l'eau sur la branche polie afin d'ouvrir les pores pour que le produit à *Jin* soit mieux absorbé. Passer le produit à l'aide d'un pinceau plat. Ce produit blanchit la branche, la protège des maladies et des parasites. Brosser alors doucement la branche. Renouveler l'opération deux ou trois fois à une vingtaine de minutes d'intervalle. La branche ressort bien blanche et, au fil du temps, prendra une teinte naturelle.

Le *Jin* peut se faire aussi à la cime d'un Bonsaï lorsqu'il paraît trop long, mais uniquement sur les essences à bois dur. Casser manuellement la tête vers l'arrière et l'écorcer délicatement. Puis effiler la pointe pour l'affiner. Retirer le feuillage s'il y en a et passer le produit à *Jin* après avoir poli le bois.

Quand intervenir ?

La période pour créer un *Jin* sur une branche est l'été : juin, juillet et août. Opérer par temps sec et ensoleillé. Cette opération doit généralement être renouvelée deux fois par an, à un mois d'intervalle, pendant les chaleurs de l'été. Puis elle se réitère tous les trois ans environ.

➔ Bon à savoir

- *Le* Jin *est pratiqué pour réduire visuellement un tronc trop gros, un Bonsaï trop allongé. Dans une forêt, un arbre mort travaillé en* Jin *renforce l'illusion de réalité.*
- *Ne pas réaliser une finition trop « léchée » ; l'aspect doit rester naturel, pour évoquer un arbre dont la cime aurait été déchiquetée par la foudre, vieillie naturellement par le soleil, le vent, les embruns…*

Dictionnaire
Vaporisation
p. 114

Partir en vacances

Il est difficile de laisser des Bonsaï plusieurs jours sans soins. L'ampleur des précautions à prendre varie selon la dimension du Bonsaï : un mini-Bonsaï a davantage d'exigences qu'un grand, qui possède une capacité de rétention d'eau et de nourriture plus importante. Un Bonsaï à plein pot ou un Bonsaï juste raciné n'ont pas les mêmes demandes.

Gestes de base
L'arrosage p. 28
Dictionnaire
Brumiser p. 112
Pouzzolane p. 114

Pour une courte absence

Les durées indiquées sont fonction de la région.

- Bonsaï d'intérieur : Faire un arrosage très abondant la veille du départ. Baisser le chauffage. Éloigner le Bonsaï de la fenêtre. Le placer sur un vaste plateau garni de pouzzolane saturée d'humidité. Le Bonsaï peut vivre ainsi deux à cinq jours, même volet fermé. Éviter de répéter cette opération trop souvent.
- Bonsaï d'extérieur : L'absence se passe mieux en saisons intermédiaires ; cependant, les prévisions climatiques sont aléatoires et le temps peut changer brusquement. Arroser très abondamment avant le départ. Placer le Bonsaï dans un lieu ombragé et à l'abri du vent qui dessèche. En hiver, le Bonsaï étant en repos végétatif, il peut rester dans une cave ou un garage jusqu'à une semaine. En été, s'il fait chaud ou s'il y a beaucoup de vent, trois jours de solitude est un grand maximum.

Euonymus alata, *fusain ailé âgé de 25 ans, placé sur un plateau garni de pouzzolane.*

Pour une absence longue

- L'arrosage automatique : Il est nécessaire si les absences sont longues ou répétées. Cette installation est plus facile en extérieur. Elle peut être envisagée pour les Bonsaï d'intérieur sortis en été.
- Emporter ses Bonsaï : c'est une option compliquée. Les Bonsaï doivent s'adapter dans un lieu nouveau après un voyage risqué. En voiture, les placer à l'arrière, au sol, derrière les dossiers, afin de leur éviter courants d'air et coups de soleil.
- Confier ses Bonsaï : Éviter de confier les Bonsaï à des parents ou une relations si eux-mêmes n'en ont pas. Les professionnels proposent un service de garde avec des installations adéquates. Le prix n'est pas élevé et l'assurance de retrouver un Bonsaï en bonne santé permet de partir sans crainte.

➔ Bon à savoir

En matière d'arrosage automatique, il existe plusieurs méthodes à prendre avec précaution.

Arrosage par brumisation : *L'eau a du mal à atteindre la terre. En effet, le feuillage agit comme un parapluie. L'eau mouille trop les feuilles, ce qui entraîne de l'oïdium et le développement de champignons, tandis que le Bonsaï souffre de sécheresse.*

Arrosage par goutte à goutte : *Bien fixer les goutteurs aux pots. En effet ceux-ci peuvent être arrachés par des oiseaux ou des rongeurs. Les Bonsaï ne seraient plus arrosés et se détérioreraient bien vite.*

Arrosage avec électro-vannes : *Demander à quelqu'un de passer vérifier le système lorsque l'absence est longue.*

Juillet *Modèle*

OUTILS : des outils à bois pour Bonsaï, du papier de verre, un produit décapant pour bois ou pour *Jin*.

Le Shari

Shari *signifie « bande écorcée ». L'impression recherchée est celle d'un vieil arbre exposé aux intempéries. Le* Shari *peut être sur le tronc, sur les branches maîtresses ou sur les racines exposées. Les parties du Bonsaï travaillées en* Shari *ne sont pas complètement mortes.*

Comment procéder ?

Préférer travailler sur un Bonsaï cultivé en pot depuis plusieurs années.

Défolier totalement la branche ou dégager la partie du tronc à travailler. Délimiter la bande d'écorce à retirer. En partant du sommet, retirer cette bande en prenant soin de ne pas endommager les parties voisines. Frotter le bois au papier de verre fin. Attendre ensuite que le bois ait bien séché pour passer le produit décapant. Ce produit se passe en été par un jour chaud et sec. L'opération est à renouveler deux ou trois fois à une vingtaine de minutes d'intervalle.

Agir de même lorsque l'on veut effectuer un *Shari* sur une grosse racine. Ce travail donne du caractère à un Bonsaï.

Travail de Shari *sur* Juniperus chinensis *sargentii, genévrier de Chine âgé de 38 ans.*

Quelles espèces choisir ?

Choisir des essences au bois dur. Le pin, le genévrier, l'if, le Murraya, le Sageretia. Liste non exhaustive.

Quand intervenir ?

En période de végétation, quand la sève circule abondamment, l'arbre est écorcé et poli au papier de verre. Le produit à bois ou les sulfamides seront passés par un jour chaud de l'été : juin, juillet ou août. Renouveler l'application du produit tous les trois ans environ.

➔ Bon à savoir

Lorsque l'on choisit un Bonsaï au tronc sinueux, le travail d'arrachage de l'écorce est encore plus méticuleux. Mais, avec le Shari *qui s'enroule telle une vrille, l'impression est celle d'un vénérable Bonsaï ramassé sur lui-même.*

La toile émeri est passée en suivant le fil du bois.

Toujours bien frotter la partie travaillée en Shari *dans le sens du bois, pour éviter de le rayer, et en utilisant un papier de verre fin ou une toile émeri qui ne laisse pas de trace. Pour fignoler, il est possible de passer un chiffon doux pour finir.*

Lorsque le tronc d'origine est mort et qu'une des branches maîtresses très vivaces tend à le remplacer, on pratique un Shari. *Écorcer alors le tronc en partant de la cime et descendre jusqu'au collet en travaillant du côté opposé à la branche maîtresse. Afin de renforcer l'impression d'arbre âgé, soumis aux intempéries, ne laisser qu'un départ de branches sur la partie travaillée en* Shari.

Gestes de base
La défoliation p. 16
Dictionnaire
Défolier p. 112

Outils : arrosoir muni d'un long bec et d'une pomme fine, bassine, paire de ciseaux à double tranchant.

Rattraper un oubli d'arrosage

Lors d'un retour de week-end, ou après une absence, le Bonsaï est parfois retrouvé complètement fané. Mais tout n'est peut-être pas perdu.

Gestes de base
La taille des rameaux p. 14
La défo iation p. 16
L'arrosage p. 28
Dictionnaire
Défolier p. 112

Établir un diagnostic

Il s'agit d'évaluer l'ampleur des dégâts. Depuis combien de temps ce Bonsaï a-t-il été oublié ? Comment sont les feuilles ? En reste-t-il sur l'arbre ? Comment sont les branches ? Ont-elles gardé un peu de souplesse ? Comment est la motte ? S'est-elle rétractée du pot ? Comment est le bois ? À l'aide d'un canif, gratter l'écorce pour regarder si le bois est encore vert.

Comment procéder ?

Immerger complètement le Bonsaï dans une bassine remplie d'eau. Le trempage est préconisé dans ce cas, même s'il est déconseillé pour les arrosages réguliers. Laisser sortir toutes les bulles d'air. Si la terre s'est rétractée du pot, preuve d'un oubli long, la presser délicatement afin qu'elle adhère plus facilement et plus rapidement au pot. Quand les bulles se sont toutes échappées, sortir le Bonsaï de l'eau. S'il s'agit d'un Bonsaï d'extérieur, le garder à l'ombre et à l'abri du vent ; s'il s'agit d'un Bonsaï d'intérieur, le protéger des courants d'air et l'éloigner d'une source de chaleur.

Au bout de 2 à 3 heures, le feuillage devrait reprendre une teinte plus verte et davantage de vigueur. Si quelques branches ont été grillées, retailler légèrement leur extrémité.

Si la carence en eau est plus grave, que le Bonsaï a perdu son feuillage, tailler plus sévèrement chaque tige ou branche de l'arbre, jusqu'au bois vert.

Rester vigilant

Quand le Bonsaï a été taillé sévèrement, le considérer alors comme un Bonsaï défolié. Ce n'est qu'après un à trois mois que l'on aura une repousse significative d'un redémarrage.

Il faut être très vigilant dans l'apport d'eau, qui doit être régulier et correctement dosé. Comme il y a moins de feuilles, il y a moins d'évaporation, et la fréquence des arrosages devra être plus espacée. Laisser sécher doucement le sol avant d'arroser abondamment en pluie fine.

Ne plus donner d'engrais tant que le Bonsaï n'est pas rétabli.

➔ Bon à savoir

Attention : souvent, après un manque d'eau, le Bonsaï souffre d'un excès d'eau, ce qui lui nuit encore davantage.

Le manque d'eau chez les conifères est beaucoup moins visible que chez les feuillus. Souvent la réaction physique d'une nuisance se voit quand le mal est bien établi. Il sera plus difficile de sauver un conifère d'un mauvais entretien.

Ficus retusa *formosanum âgé de 30 ans, issu de graine.*

Août | *Tour de main*

OUTILS : arrosoir au long col muni d'une pomme fine, bassine, paire de ciseaux à double tranchant.

Faire refleurir une glycine

La glycine est un arbrisseau grimpant et volubile, avec des rameaux qui s'enroulent naturellement autour d'un tuteur : poteau, mur, tonnelle, etc. Elle fleurit normalement au printemps ; la floraison embaume l'air et demeure assez longuement sur l'arbre ; elle fane plus vite s'il pleut beaucoup ou si elle est trop arrosée.

Prendre soin d'une glycine

Après la floraison, la tige porte une sorte de haricot qu'il faut enlever, car il affaiblit l'arbre. Tailler avec des ciseaux dont les deux lames sont tranchantes. Rempoter la glycine juste après sa floraison. Choisir un pot un peu profond. Si on veut qu'une glycine refleurisse, il est préférable de ne la rempoter que tous les trois ans après floraison. Un rempotage annuel diminue sa capacité de floraison. En été, l'arrosage est fréquent pour bien humidifier le sol : une ou deux fois par jour. Les extrémités des rameaux se développent tandis que les feuilles flétrissent. Certaines variétés sont remontantes, c'est-à-dire peuvent refleurir pendant l'été.

Comment la faire refleurir chaque année ?

En été, il est conseillé de la laisser faner en espaçant la fréquence des arrosages. Laisser la glycine faner 2 à 4 jours, en fonction du temps, puis l'arroser très abondamment. Renouveler au moins à trois reprises le passage de la sécheresse à la forte humidité. Laisser s'écouler environ 5 jours entre chaque passage. Ainsi, la croissance des tiges est stoppée tandis que les bourgeons floraux se développent. Une autre méthode consiste à garder le sol de la glycine très humide. Pour ce faire, on peut laisser tremper le pot, au milieu de l'été, dans une bassine d'eau pendant plusieurs jours. Dès que les bourgeons floraux semblent sur le point d'éclore, sortir le pot de la bassine d'eau.

Bon à savoir

Par la suite, quand la glycine est en fleur, laisser s'assécher le sol entre deux arrosages abondants. Un excès d'eau au niveau du sol ferait rapidement faner les fleurs.

Gestes de base
La taille des rameaux p. 14
Le rempotage p. 22
L'arrosage p. 28
Catalogue
Glycine p. 107

Wistaria chinensis *daruma, glycine, âgée de 30 ans.*

Floraison de Wistaria chinensis *Jakoh, glycine âgée de 15 ans.*

Août *Coup de cœur*

Les Kusamono

Au Japon, les Kusamono *ou* Chitakusa *sont des plantes d'accompagnement. Ils sont répertoriés, parmi les styles de Bonsaï, dans le quatrième groupe. Ils montrent la diversité du monde végétal et mettent en valeur les arbres âgés et vénérables.*

Quelles espèces utiliser ?

Des bambous miniatures et tapissants, des mousses, des Sedum que l'on fera pousser dans les anfractuosités de roches. Les herbes seront choisies pour leur feuillage clair. On peut aussi opter pour les mini-fougères, les Hosta ou les iris miniatures, les herbes de marais, les graminées. Ils animent par la diversité des tons de leur feuillaison et de leur floraison une rigueur possible d'un Bonsaï trop strict. Ces plantations évoquent les saisons, les paysages et redonnent aussi une échelle dans la miniaturisation.

Quels supports choisir ?

Poteries émaillées ou non, très plates ; conques naturelles, en céramique ou en résine ; roches aux anfractuosités naturelles.

Où installer les *Kusamono* ?

La tradition demande d'installer ces compositions végétales dehors, devant les arbres et en veillant à ce que l'équilibre soit respecté, afin de mettre en valeur les Bonsaï d'extérieur. Mais il est possible d'agir de même avec des Bonsaï d'intérieur. Cependant, il est plus difficile de trouver des petites herbes ou plantes qui peuvent vivre dans les maisons ou appartements. Cette présentation ne sera qu'éphémère. On utilisera des végétaux que l'on ressortira quand ils seront fanés. Il est ainsi possible de jouer avec plusieurs *Kusamono*, ce qui permet d'avoir chez soi une composition fleurie en permanence.

➔ Bon à savoir

Dans le Tokonoma, *au Japon, on compose un tableau végétal auquel on associe très souvent une calligraphie ; une table ouvragée est aussi disposée, portant un Bonsaï ou un* Suiseki *posé sur un* Jiban.

Sedum verticillum.

Collection de Hosta *miniatures.*

Septembre *Modèle*

Installer une collection de Bonsaï d'extérieur

Concilier esthétisme et exigences de culture n'est pas toujours aisé. Le choix des Bonsaï doit aussi dépendre de la région, du climat, de l'orientation. Il faut garder en mémoire l'importance du soleil, du vent, de la pluie dans le bon développement du Bonsaï d'extérieur.

Où installer un Bonsaï d'extérieur ?

Il peut être installé sur un rebord de fenêtre, sur un balcon, sur une terrasse, dans une cour ou un jardin ; tout lieu extérieur lui permettant de se développer comme les arbres équivalents poussant à l'état naturel. Il faut qu'il se plaise et plaise à l'œil.

Dans un jardin, le Bonsaï sera un peu isolé des autres végétaux pour ne pas disparaître dans la masse de verdure.

Comment procéder ?

Installer un présentoir adossé à un mur ou à claire-voie. S'il est contre un mur, éviter une trop forte réverbération pouvant entraîner des coups de soleil. Le présentoir peut être en bois ou en bambou, ou encore métallique. L'été, il sera possible de le couvrir pour apporter un ombrage contre un soleil trop brûlant. L'hiver, la protection sera contre un gel trop long ou trop intense. En saisons intermédiaires, elle préservera des pluies trop abondantes.

Lorsque l'on ne possède qu'un ou deux arbres, ceux-ci peuvent être installés sur une table de jardin, un banc, ou tout support un peu élevé. En effet il est déconseillé de poser un Bonsaï sur le sol pour éviter tout dégât causé par des animaux : urine de chien ou chat, insectes rampants… Les racines risquent aussi de repiquer dans le sol si l'arbre n'est pas surélevé. Son entretien en sera facilité. De plus, esthétiquement, un Bonsaï relevé d'une soixantaine de centimètres aura un meilleur rendu.

Sur un balcon, il éloigne les vis-à-vis par un artifice de perspective et reste visible de l'intérieur.

➔ Bon à savoir

Les Bonsaï légers ou offrant une prise au vent, en particulier les arbres travaillés en style Bunjingi *ou en* Kengaï, *devront être arrimés à leur support pour éviter toute chute. Ce qui empêchera toute casse de pot ou de branches.*

En saisons intermédiaires, il est possible de rentrer chez soi un Bonsaï pendant deux ou trois jours pour profiter de la floraison ou des coloris. Placer alors ce Bonsaï loin de toute source de chaleur, mais à la lumière, et de préférence sur un plateau garni de pouzzolane maintenue humide pour élever l'hygrométrie. Ne pas garder trop longtemps ce Bonsaï en intérieur et ne pas renouveler l'opération trop souvent.

Collection de Bonsaï d'extérieur variés.

Installer un Bonsaï d'intérieur

L'installation d'un Bonsaï d'intérieur n'est pas chose anodine. Tout d'abord, il ne faut pas perdre de vue qu'un Bonsaï est un arbre et que, comme tel, il est vivant. Ensuite, il faut se rappeler que la notion de « Bonsaï d'intérieur » est artificielle, puisque les arbres poussent toujours à l'extérieur.

Où installer un Bonsaï d'intérieur ?

Dans une maison ou un appartement, dans un bureau, un séjour, une chambre, une cuisine ou une salle de bains, à condition qu'il soit placé devant une fenêtre et reçoive beaucoup de lumière.

Comment procéder ?

En été, sortir le Bonsaï d'intérieur pour qu'il reçoive l'air et la lumière naturelle. Prévoir de septembre à mars une ampoule dite « lumière du jour » pour un complément de luminosité pendant ces mois sombres.

Penser à tourner régulièrement le Bonsaï d'intérieur pour que chacun de ses côtés reçoive une bonne luminosité et du soleil quand il y en a.

Exigences climatiques

Les Bonsaï d'intérieur peuvent se classer en deux catégories : les arbres tropicaux et les subtropicaux. Tous demandent une luminosité très importante et ne supportent pas le froid. Ce qui les différencie, c'est justement la température hivernale. Les premiers demandent une chaleur constante, été comme hiver, tandis que les seconds préfèrent des hivers plus frais.

Ce qui est vrai pour Lille ne sera pas exact à Marseille. Ainsi, un Bonsaï subtropical sera considéré comme arbre d'orangerie dans le Sud et pourra rester dehors tant qu'il ne gèlera ni fortement ni longuement. Par ailleurs, en plein été, il sera nécessaire de le protéger du soleil, alors que, dans le Nord, le soleil ne le brûlera guère.

➔ Bon à savoir

La lumière est un élément vital. Éviter les rideaux et les voilages qui atténuent fortement la luminosité d'une pièce. Les voilages peuvent être posés en plein été, devant une baie vitrée exposée plein sud dans les étages élevées.

Ne pas installer un Bonsaï d'intérieur contre une vitre en plein hiver (risque de gel par courant d'air glacé), ni contre une fenêtre en plein été (risque de brûlure de coups de soleil).

Éviter les courants d'air froids (surtout en plein hiver), l'air conditionné trop frais, d'ouvrir une fenêtre en hiver si l'air tombe directement sur le Bonsaï.

De gauche à droite : Eugenia myrtifolia, *cerisier d'Australie âgé de 8 ans, style* Tachiki ; Duranta repens *aurea, duranta doré âgé de 25 ans, style* Sabamiki ; Ficus retusa, *banyan, âgé de 15 ans, style* Nejikan.

Novembre *Tour de main*

OUTILS : arrosoir au long col et muni d'une pomme fine, filtre anticalcaire.

Arroser un Bonsaï

L'eau est un des éléments essentiels pour un Bonsaï : elle le fait vivre. Elle doit donc être apportée de façon régulière et être de qualité. Pas assez d'eau et le Bonsaï s'étiole, trop d'eau et il meurt par pourriture des racines.

Le bon dosage

L'apport en eau est proportionnel à la chaleur. Plus il fait chaud, plus le feuillage transpire, plus fréquemment il faut arroser le Bonsaï. On arrosera donc plus souvent les Bonsaï d'intérieur en hiver et en été qu'au printemps et en automne. Il faudra se montrer plus attentif lors de la mise en marche et de l'arrêt du chauffage.

En revanche, les Bonsaï d'extérieur demanderont à être arrosés de manière plus fréquente en été et par temps venteux.

L'apport en eau est proportionnel à la quantité de feuilles. Plus il y a de feuilles, plus il y a d'évaporation. On arrosera donc plus souvent un arbre en pleine feuillaison, et on espacera la fréquence des arrosages après une taille.

Arrosage abondant en pluie fine à l'aide d'un arrosoir à long col muni d'une pomme fine.

L'apport en eau est inversement proportionnel à la dimension du pot. Plus il est petit et moins il contient d'eau. La fréquence des arrosages sera donc rapprochée.

Comment arroser ?

Par définition, l'arrosoir est l'instrument idéal. Le vaporisateur ou brumisateur est insuffisant. L'arrosoir doit être muni d'un long col et d'une pomme fine placée tête en haut. Il arrive de voir des arrosoirs présentés la tête tournée vers le bas, ce qui ne permet pas l'arrosage en pluie fine.

Si on ne possède pas d'arrosoir, se munir d'une bouteille à large ouverture et percer des trous fins dans le bouchon, ou bien arroser le Bonsaï sous la douche en dosant la chaleur de l'eau qui doit être à température ambiante.

Ne pas tremper un Bonsaï; ce n'est pas un arbre de marais, et l'eau circule du haut vers le bas; de même la pluie tombe du ciel vers la terre. Arroser, c'est faire pleuvoir.

➔ Bon à savoir

Ne jamais utiliser d'eau déminéralisée ou distillée. Privées de leurs éléments nutritifs, elles n'apportent aucun oligo-élément au Bonsaï.

Ne pas additionner à l'eau du robinet du citron ou du vinaigre pour enlever le calcaire ; cette adjonction ne peut être que néfaste au Bonsaï.

Gestes de base
L'arrosage p. 28
Dictionnaire
Brumiser p. 112
Vaporisation p. 114

Acheter un Bonsaï

Avant d'acheter un Bonsaï, il faut savoir que cet arbre, comme tout végétal, est vivant et donc amené à se développer. Il demandera de la vigilance et des soins réguliers. Acquérir un Bonsaï est un engagement.

Diagnostic préalable

Il faut pour commencer déterminer si l'on préfère un Bonsaï d'extérieur, d'intérieur ou d'orangerie. Déterminer l'endroit où l'on souhaite l'installer et s'assurer que ce lieu lui conviendra tant en luminosité qu'en température.

Comment choisir ?

• **Le magasin.** Aller de préférence chez un spécialiste. Les arbres y sont disposés dans des emplacements leur correspondant, rangés par catégorie. Des accessoires de bonne qualité nécessaires à leur culture sont proposés.

Les Bonsaï doivent porter une étiquette indiquant clairement leurs noms botanique et français, au besoin l'âge et le style. Attention aux Bonsaï agrémentés d'un visuel avec de vagues conseils d'entretien, souvent faux ou incomplets.

Éviter les magasins où les Bonsaï d'extérieur côtoient les Bonsaï d'intérieur et d'orangerie, afin d'éviter les erreurs d'emplacements.

Éviter aussi les magasins surchauffés sans lumière où les Bonsaï côtoient d'autres produits et ne peuvent être arrosés.

• **L'arbre.** Choisir un Bonsaï caduc en hiver, lorsque l'on voit sa structure, sa ramure. Regarder les Bonsaï, leur tronc, leur écorce, leurs ramures. Ils ne doivent pas présenter de plaies dues à la ligature ou à toute autre raison. Demander à voir leur enracinement en faisant sortir l'arbre du pot (cela n'est possible que si le Bonsaï ne vient pas d'être arrosé ou s'il n'est pas attaché à son pot. Examiner l'état des bourgeons.

Acer palmatum, *érable palmé âgé de 70 ans, style* Korabuki.

Éviter les Bonsaï qui présentent de gros troncs terminés par une masse imposante de feuillage. Il s'agit d'arbres élevés en pleine terre puis, coupés et mis en pot.

La forme en S d'un Bonsaï, en vogue par période, ne signifie pas que ce soit un beau Bonsaï. La sinuosité se doit de donner un aspect souple et naturel.

• **La terre.** L'observer. Elle ne doit pas ressembler à de la pâte à modeler quand elle est mouillée, ni à du béton quand elle est sèche.

➔ Bon à savoir

Ce n'est pas parce qu'il est petit qu'un Bonsaï est fragile. Il est tout aussi robuste que son homologue croissant à l'état naturel, et sa longévité est souvent plus grande, du fait de soins appropriés.

Se laisser porter par le coup de foudre, être choisi par le Bonsaï est peut être le meilleur moyen de bien s'en occuper et de le garder très longtemps.

Janvier *Tour de main*

Les outils : leur utilité, leur choix, leur entretien

Il existe des outils spécifiquement conçus pour l'entretien des Bonsaï. Leur acquisition est nécessaire au fur et à mesure de la progression dans la culture du Bonsaï.

Le choix et l'entretien

Lorsque l'on ne possède qu'un Bonsaï déjà formé, il est utile de posséder une bonne paire de ciseaux dont la lame est composée de deux tranchants, un arrosoir à long bec muni d'une pomme fine, un petit vaporisateur. Bien vite, d'autres outils deviennent nécessaires. Mais il ne faut pas se précipiter à la légère pour acheter toute une panoplie, ni aller au moindre coût. Chaque outil a sa raison d'être, et il faut se le procurer au moment du besoin.

Les outils japonais sont à l'achat plus chers que les outils chinois. Mais, fabriqués en métal trempé, ils durent toute la vie. Cependant, il est fortement conseillé de les essuyer après utilisation, et surtout de les désinfecter avec de l'alcool à 70° ou un produit désinfectant. Cela évitera toute contamination possible entre deux Bonsaï.

Quels outils pour quels travaux ?

❶ Du grillage plastique pour couvrir les trous de drainage.
❷ Un arrosoir à long col muni d'une pomme fine pour un bon arrosage en pluie.
❸ Set de 3 doseurs pour la préparation et l'installation du mélange terreux.
❹ Un tamis muni de trois grilles de mailles différentes pour tamiser le mélange terreux.
❺ Du fil d'aluminium cuivré de diamètres différents pour le ligaturage, comme pour arrimer le Bonsaï au pot et attacher le grillage aux trous de drainage du pot.
❻ Une table tournante, de préférence avec blocage, pour travailler confortablement le Bonsaï.
❼ Du raphia.
❽ Un tord-tronc pour former le Bonsaï dans un style sinueux.
❾ Une lance d'arrosage avec robinet d'arrêt pour le tuyau d'arrosage.
❿ Des paniers pour engrais en boulette.
⓫ Une pierre à affûter pour aiguiser les lames de ciseaux et d'outils tranchants.
⓬ Un tube de mastic à cicatriser.

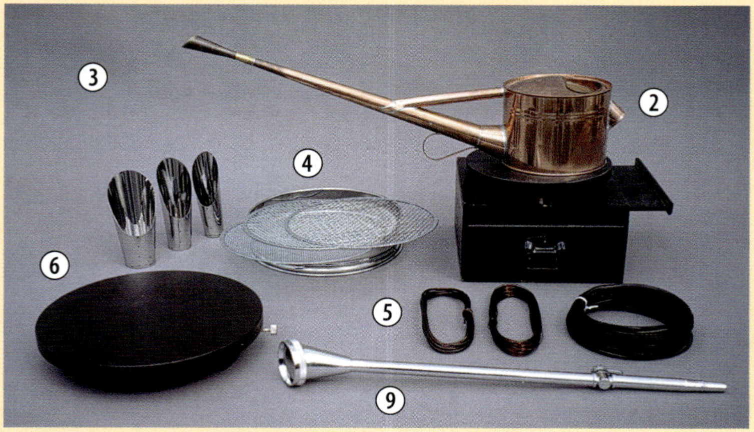

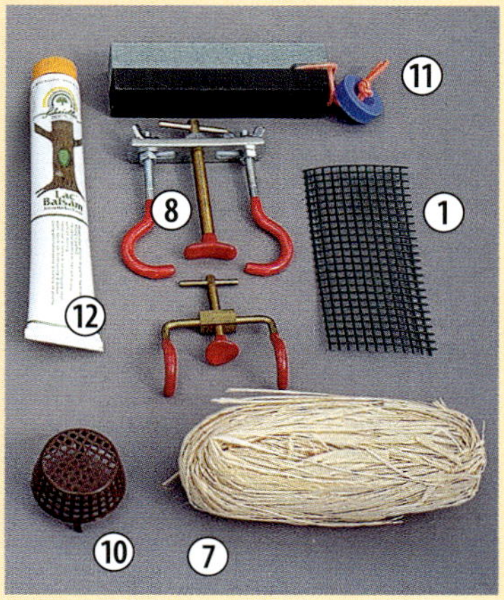

Une petite scie.

Des ciseaux à feuilles et à bourgeons.

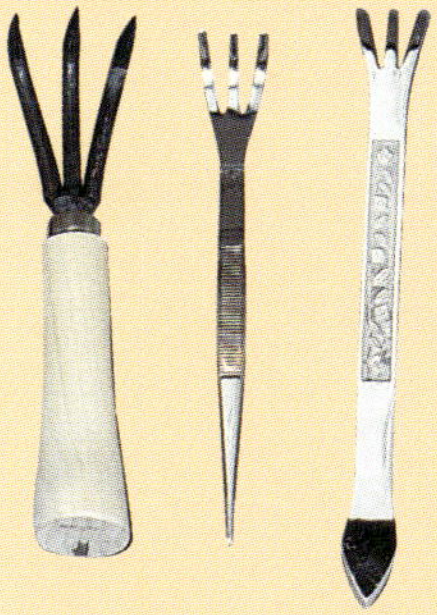

Trois sortes de griffe pour décompacter la terre et démêler les racines lors du rempotage.

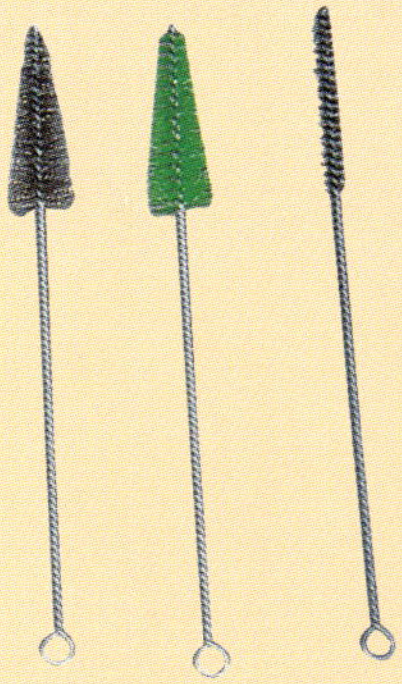

Trois sortes de brosse, métallique ou en plastique pour brosser l'écorce.

Une pelle pour tasser le mélange terreux lors du rempotage.

Une pince à Jin ou à Shari pour s'aider à retirer les bandes d'écorce et à plier les gros fils d'aluminium cuivré lors des ligaturages.

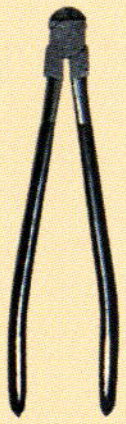

Une pince à ligaturer pour couper le fil d'aluminium cuivré.

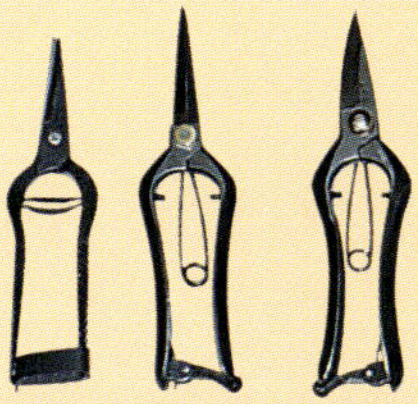

Trois sortes de sécateur.

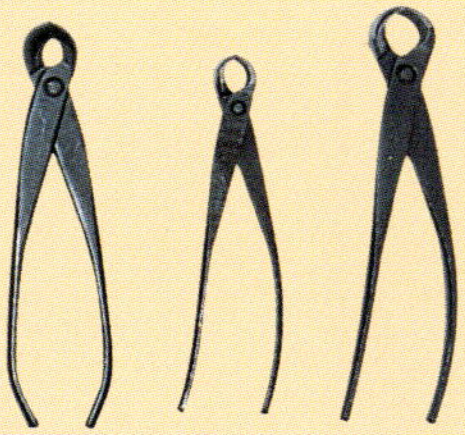

Trois pinces à branches concaves arrondies pour couper les grosses branches et éviter les boursouflures.

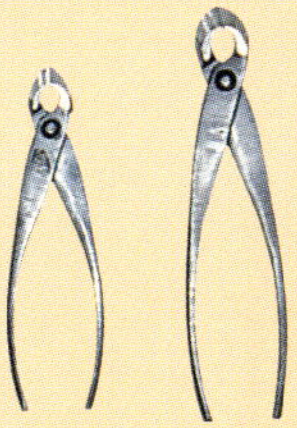

Deux pinces à branches concaves pour couper les grosses branches.

Une pincette pour retirer les mauvaises herbes, les fleurs fanées, et pour travailler les racines lors des rempotages.

Un petit balai en coco pour épandre l'engrais et surfacer la terre.

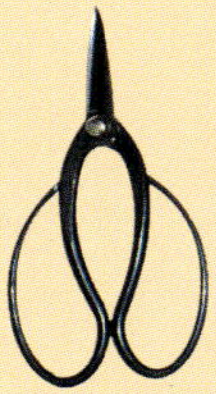

Des ciseaux dit « universels » pour racines, branchettes et rameaux.

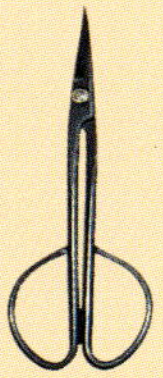

Des ciseaux longs pour tailler à l'intérieur de la couronne les branchages des Bonsaï touffus et compacts.

Des ciseaux courts pour tailler les pins et les rhododendrons.

Gestes de base

Janvier **S.O.S.** **OUTIL :** arrosoir et protections.

Protections hivernales

Les protections hivernales concernent essentiellement les Bonsaï d'orangerie et d'extérieur. Pour ces derniers, l'hiver et ses froidures sont indispensables et les protections ne deviennent nécessaires qu'en cas de gel. Certaines espèces sont plus frileuses que d'autres. En cas de doute, il est donc utile de se renseigner.

Quelles sont les espèces concernées ?

Certains Bonsaï redoutent le froid ; il s'agit essentiellement des Bonsaï d'orangerie ou méditerranéen (grenadier, bougainvillée, lentisque, chêne vert, olivier, etc.). Lorsque la température descend en dessous de 5 à 7 °C dans la journée, il devient nécessaire de les rentrer dans un lieu frais et lumineux. En effet, leur période végétative est ralentie, mais pas endormie ; ils ont donc encore besoin de luminosité pour la photosynthèse. S'ils ne reçoivent le soleil ou la lumière que d'un côté, les tourner régulièrement pour que chaque côté soit éclairé.

D'autres arbres, comme l'érable trident ou le rhododendron, redoutent le gel même léger. Aussi, dès que la température diurne est de 1 à -1 °C, il est préférable de les protéger. Contrairement aux précédents, ils peuvent être mis dans une pièce sombre, car ils sont en repos végétatif, et ce, pendant une quinzaine de jours, sans risque pour leur santé.

En cas de gelées fortes ou longues, les Bonsaï craignant le gel important doivent être rentrés. Les installer dans un lieu hors gel, même peu lumineux, mais pas dans une pièce chauffée : ils penseraient que le printemps est revenu et débourreraient.

Certains Bonsaï, au contraire, ont besoin de froidures en hiver, surtout ne pas les en priver. Il s'agit essentiellement d'arbres de montagne, comme différents conifères.

Pinus pentaphylla, *pin à cinq aiguilles âgé de 200 ans, sous la neige. Cette espèce aime avoir bien froid en hiver et ne redoute pas le gel.*

Comment procéder ?

Installer les Bonsaï devant être rentrés dans une pièce froide, même peu lumineuse, style cave, garage ou véranda maintenue hors gel. Sinon, les placer dans un carton faisant office de niche, dos au vent, et couvrir le pot de sphagnum, de journaux, de paille…

➔ Bon à savoir

Ne pas oublier d'arroser ; en hiver, il arrive fréquemment que des Bonsaï meurent de soif ! Mais ne jamais arroser quand l'arbre est gelé. Commencer par le faire dégeler lentement dans un lieu frais. Lorsque le sol sera dégelé, on pourra alors l'arroser avec une eau à température ambiante. Attendre que la terre ait séché pour le ressortir.

Gestes de base
L'arrosage p. 28
Catalogue
Érable p. 72, 73
Bougainvillée p. 74
Olivier p. 93
Lentisque p. 96
Grenadier p. 99
Chêne p. 101
Rhododendron p. 102
Dictionnaire
Sphagnum p. 114

Tenir un agenda

Tenir un journal de bord pour son ou ses Bonsaï permet un suivi dans l'évolution des arbres et les soins à apporter. Un Bonsaï acheté chez un spécialiste est souvent vendu avec une notice d'entretien détaillée et un « carnet de santé » indiquant la date du prochain rempotage, du (dé)ligaturage et des autres soins à apporter.

Présentation de différents Bonsaï d'extérieur.

Le journal du Bonsaï

Il suffit de prendre un joli cahier, un classeur ou se faire un programme informatique pour consigner les soins apportés. Le nom exact du Bonsaï doit être noté, nom savant et nom français, son âge et la date d'achat. Une photo du Bonsaï au moment de l'achat permet de constater son évolution au fil des ans.
Noter les dates où le Bonsaï a été taillé, quel genre de taille lui a été prodigué.
Noter la date du rempotage, indiquer s'il y a eu changement de pot, photographier le Bonsaï avant et après le rempotage.
Noter l'apport d'engrais, les besoins en eau, la fréquence des arrosages à chaque saison, les opérations de formation et leurs dates, les réactions à l'environnement, les déplacements et leurs dates si tel a été le cas, tout ce que l'on ressent en s'occupant du Bonsaï.
Tenir ce « journal de bord » pour chaque Bonsaï, reprendre des photos avec régularité et aux quatre saisons pour les Bonsaï d'extérieur. Il est amusant de voir qu'un arbre que l'on pense petit grandit réellement.
Chaque année, cela permettra de savoir quoi faire, de prévoir quand le Bonsaï fleurira ou donnera des fruits le cas échéant.

L'étiquette du Bonsaï

Un Bonsaï acheté chez un spécialiste porte le nom de l'espèce et son âge approximatif. Il est conseillé de conserver cette étiquette dans le classeur ou de la recopier, surtout lorsque l'on possède plusieurs Bonsaï. Cela permet d'identifier tout de suite l'arbre, de donner son nom lorsque l'on demande des conseils à un professionnel, de ne pas faire de confusions.
Si l'étiquette, généralement en plastique, n'est pas esthétique, il est possible de se procurer des étiquettes plastiques en forme de petites maisons ou d'en réaliser en bois. Ces étiquettes seront alors plantées dans la terre. Il existe des feutres pour ces supports, indélébiles et ne coulant pas avec l'eau d'arrosage.
Mais, au bout de quelques temps, compte tenu de l'humidité ambiante, de la luminosité, les étiquettes peuvent s'effacer ou se casser. Elles devront par conséquent être refaites.

Gestes de base
La taille de structure p. 10
La taille des rameaux p. 14
Le ligaturage p. 18
Le rempotage p. 22
L'arrosage p. 28

Classification des Bonsaï

Ce sont les Japonais qui, aux alentours du XIIIe siècle, ont fixé des lois pour l'Art du Bonsaï. En particulier, ils ont instauré une nomenclature répertoriant les silhouettes. 34 styles différents sont définis. Le style des arbres doit correspondre à celui que son espèce a naturellement en croissance sauvage.

Groupe 1 : un seul tronc

Le style *Chokkan* : droit classique.

Le style *Han Kengaï* : semi-cascade.

Le style *Fukinagashi* : arbre infléchi par les vents.

Le style *Nejikan* : tronc en partie sinueux, tordu.

Le style *Shakan* : tronc incliné

Le style *Bunjingi* ou Literati : tronc dit « du lettré », en oblique, dénudé sauf au sommet.

Le style *Neagari* : les racines sont exposées.

Le style *Kengaï* : cascade

Le style *Hokidachi* : forme en balai.

Le style *Neku* : arbre aux racines aériennes.

Le style *Takozukuri* : forme pieuvre des racines étalées sur le sol.

Le style *Bankan* : tronc torsadé, enroulé sur lui-même.

Le style *Sabamiki* : tronc fendu et en partie dénudé.

Le style *Sekijoju* : arbre aux racines enserrant une roche avant de plonger dans la terre.

Le style *Tachiki* : droit non régulier.

Le style *Sharimiki* : bande de tronc écorcée, comme morte.

Le style *Ishitsuki* : arbre planté dans les anfractuosités d'une roche.

Les dimensions

On distingue 3 dimensions de Bonsaï. La hauteur va du collet à la cime, sans tenir compte de l'envergure. Pour les Bonsaï de style cascade, la hauteur va du coude à la cime. Ils sont classés par nombre de mains :

- Les mini-Bonsaï, Bonsaï à 1 main (parce qu'ils tiennent dans la paume d'une main), mesurent de 5 à 15 cm. Ils sont très délicats.
- Les *Kotate-Mochi* et les *Chu-Mono*, Bonsaï à 1 ou 2 mains (parce qu'il faut 1 ou 2 mains pour les porter), mesurent de 15 à 60 cm.
- Les *Omonos*, Bonsaï à 4 mains (parce qu'il faut 4 mains ou 2 personnes pour les porter), mesurent de 60 à 120, voire 180 cm.

Groupe 2 : troncs multiples

Le style *Sokan* : double troncs.

Le style *Kabudachi* : plusieurs troncs partant du même endroit.

Le style *Korabuki* : plusieurs troncs sur une même souche en forme de tortue.

Le style *Ikadabuki* : tronc couché en forme de radeau d'où partent plusieurs troncs.

Le style *Netsunagari* : plusieurs troncs sur une racine sinueuse enroulée sur elle-même.

Groupe 3 : troncs multiples / forêts

Le style *Soju* : 2 troncs.

Le style *Kyuhon Yose* : 9 troncs.

Le style *Sambon Yose* : 3 troncs.

Le style *Yose Ue* : forêt de plus de 9 troncs.

Le style *Gohon Yose* : 5 troncs.

Le style *Yamayori* ou *Yama Yose* : groupe naturel.

Le style *Nanahon Yose* : 7 troncs.

Le style *Tsukami Yose* : troncs multiples issus d'une même souche.

Groupe 4 :

Le style *Bonkei* ou *Saikeï* : paysage.

Le style *Kusamono* : plantations d'herbes et de bulbes.

Le style *Shitakusa* : plantations saisonnières.

Choisir un pot

Dans le mot japonais « Bonsaï », si Saï *signifie « arbre »,* Bon *signifie « poterie ». Un Bonsaï est un arbre cultivé dans un pot. La poterie a donc autant d'importance que l'arbre ; elle est son support, elle le met en valeur.*

Principe de base

Une poterie ordinaire ou mal assortie ne donnera pas un bel ensemble ; alors qu'un arbre pourra se trouver amélioré par une belle poterie. Des pots signés d'artistes, d'origine chinoise (Ishing) ou japonaise (Tokoname) pour la plupart, sont davantage réservés aux très beaux Bonsaï en raison de leur valeur.
Mais le pot n'obéit pas seulement à des règles esthétiques, somme toute aléatoires. Il obéit aussi à des aspects d'ordre pratique. Il est choisi en fonction du style du Bonsaï.

La matière

La poterie se doit d'être en céramique. Les pots en plastique ne sont utilisés que pour des futurs Bonsaï encore en culture. La céramique peut être en faïence, en grès ou en porcelaine. La faïence, plus fragile, montre moins de résistance au gel. Le grès est le plus utilisé. La poterie doit être percée en son fond d'un ou plusieurs trous de drainage en fonction de sa dimension, excepté lorsque l'on veut créer un paysage sur roche *(Ishitsuki).*

La couleur

La poterie peut être en terre cuite brute ou bien émaillée ; dans ce cas, elle ne sera émaillée qu'à l'extérieur, en aucun cas à l'intérieur. Les coloris sont souvent naturels pour les conifères ou certains Bonsaï au caractère fort, et de teintes colorées pour les caducs, les fruitiers et les intérieurs. Les couleurs sont neutres, à l'exception du bleu cobalt et de certains verts plus accentués. Ainsi, on emploie différents beige, céladon, brique, brun, marron, rarement du rouge, et ni blanc ni noir. Le coloris peut être en contraste ou en camaïeu avec celui du feuillage ou celui de l'écorce du Bonsaï.
Certains pots sont ornés de motifs et seront choisis pour leur harmonie avec le Bonsaï : un pommier ira bien dans un pot décoré de fleurs de pommier. Mais le motif ne doit pas distraire l'œil du Bonsaï.

Collection de pots pour Bonsaï.

La forme

La forme peut être ronde, ovale, rectangulaire, hexagonale ; les côtés sont droits ou évasés, parfois arrondis ou à pans coupés ; certains sont très hauts, pour les Bonsaï de formes cascade *(Kengaï)*, d'autres très plats, essentiellement pour les forêts *(Yose Ue)* et les paysages *(Saikeï)*. Une poterie dont les bords s'arrondissent vers l'intérieur sera source de difficultés lors du rempotage : on risque de devoir la casser pour sortir le Bonsaï sans endommager ses racines. Ici encore, il faut chercher à harmoniser le pot et l'arbre ; un Bonsaï sinueux sera beau dans une poterie ovale ou ronde. Un Bonsaï équilibré de tous côtés sera à sa place dans un pot rond.

Les dimensions

Les dimensions ont une très grande importance : dans un pot trop petit, le Bonsaï sera à l'étroit, il épuisera vite les éléments nutritifs du sol et ne boira pas à sa soif ; trop grand, il sera perdu, ne pourra pas absorber toute l'humidité apportée et ses racines finiront par pourrir.
En général, la longueur du pot correspond à un peu plus des 2/3 de la hauteur de l'arbre. Si l'envergure du Bonsaï est plus grande que sa hauteur, c'est alors elle qui détermine la longueur du pot.
La profondeur du pot est fonction du diamètre du collet *(Nebari)*. Les arbres dont les racines s'étalent demandent un pot moins profond que ceux dont les racines plongent plus profondément dans le sol.
Lorsqu'il s'agit d'un groupe de Bonsaï, la longueur du pot équivaut au 1/3 de la hauteur de l'arbre le plus haut. La longueur du pot d'une forêt équivaut aux 2/3 de l'arbre le plus haut.
Enfin, pour un Bonsaï sur roche, la dimension du pot sera la même que pour un Bonsaï à troncs multiples.

➔ Bon à savoir

Il est recommandé, lorsque l'on doit changer un pot lors d'un rempotage, de venir avec son ou ses Bonsaï pour essayer le ou les pots afin de mettre les arbres en valeur et de leur permettre un bon développement.

Collection de rhododendrons dans des pots variés.

Gestes de base
Le rempotage p. 22
Catalogue
Pommier p. 91
Dictionnaire
Collet p. 112
Nebari p. 113

Février | *Tour de main* | **Outils :** pince à fil, fil d'aluminium cuivré, raphia, ficelle, chiffon et morceau de caoutchouc.

Attacher un arbre à son pot

Lors de la mise en pot, il est recommandé d'arrimer l'arbre à la poterie qui le recueille. En effet, le Bonsaï est rempoté dans un pot souvent peu profond par rapport à sa hauteur. Pas encore raciné, il donne, par conséquent, prise au vent et peu chuter facilement. Ce qui risque de l'endommager ou de casser ses branches ou sa cime.

La tension du fil pour attacher un Bonsaï est obtenue à l'aide d'une pince à fil.

Comment procéder ?

Passer un fil d'aluminium cuivré par l'intérieur du pot dans les trous de drainage. Écarter les deux extrémités du fil, l'une sur la droite, l'autre sur la gauche, le long des parois latérales et du fond du pot, en évitant d'endommager les racines. Une fois le Bonsaï planté, maintenir le tronc avec ce fil passé au ras de la terre, le faire chevaucher les racines du collet pour le fixer. Protéger l'écorce avec un morceau de plastique, de caoutchouc, ou tout autre moyen. Serrer suffisamment : en tenant le tronc, avant de couvrir de terre, on doit pouvoir soulever l'arbre avec le pot.

Lorsque le pot ne possède qu'un seul trou de drainage, passer une extrémité du fil par l'intérieur du pot au travers de la grille. Du sisal naturel ou une cordelette peuvent aussi être utilisés. Placer un petit bâton ou un morceau de fil d'aluminium à l'extérieur du pot, sur le diamètre du trou. Faire repasser le fil ou une autre attache dans le pot en chevauchant le morceau de bois. En tirant le fil, le morceau de bois est maintenu et le Bonsaï bien arrimé au pot.

Le fil est retiré après quelques mois, à l'aide de la pince à fil, quand le Bonsaï est bien raciné.

➔ Bon à savoir

Au Japon, où les typhons sévissent, les Japonais ont pris l'habitude d'attacher le pot dans lequel se développe leur Bonsaï. Dans les lieux venteux, faire passer un fil d'aluminium cuivré de chaque côté du tronc, sur la largeur de la poterie. Le fil de cuivre repose sur la terre. Il est attaché au support, soit sous la table ou le présentoir, soit à un poteau ou une colonne. Il ne risque donc pas de basculer lors du passage d'un animal ou lors d'un coup de vent. Cette précaution peut aussi être envisagée sur les rebords de fenêtre, parfois un peu étroits.

Le fil d'attache ne blesse en aucun cas l'arbre ni ses racines. En effet, il repose sur les rebords de la poterie, en général plus hauts que le sol.

Protection des racines et maintien de l'arbre à son pot après rempotage.

Gestes de base
Le rempotage p. 22
Dictionnaire
Collet p. 112

Outils : griffe et spatule, ciseaux munis d'une lame à double tranchant, pince à branches.

Tailler les racines lors de la mise en pot

La taille des racines est une opération vitale pour les Bonsaï. Elle leur permet, avec les autres opérations de soin, de rester en bonne santé et de connaître une longévité importante. On distingue deux sortes de taille de racines.

Gestes de base
La taille de structure p. 10
La taille des rameaux p. 14
Le rempotage p. 22
Les mélanges terreux p. 24

Lors d'un rempotage d'entretien

C'est la taille que l'on pratique régulièrement au printemps, lorsque l'on renouvelle le mélange terreux d'un Bonsaï. Il est important de rétablir un équilibre entre la masse foliaire et celle des racines.

Commencer par tailler les branchages. Après un rempotage, on ne taille plus la ramure ; au contraire, on la laisse croître pour aider les racines à bien se développer.

Sortir le Bonsaï de son pot. Faire tomber la terre et allonger les racines à l'aide d'une griffe. Les racines des Bonsaï à feuilles caduques peuvent être lavées si besoin.

Tailler entre 1/3 et 2/3 du chevelu des racines. Faire une taille moins sévère sur les conifères que sur les caducs. Praliner les racines avant de rempoter.

Lors d'un rempotage de création

Cette taille s'effectue sur des arbres ou jeunes plants achetés en pépinières. Ce sont généralement des arbustes assez touffus. Commencer par élaguer la plupart des branches pour découvrir la silhouette de l'arbuste à travailler et accentuer le style prédominant chez lui. S'assurer avant de couper les plus grosses racines qu'il y a un chevelu assez abondant. Si l'on a une quantité de petites racines, il est même possible de tailler une grosse racine pivotante assez court.

Ne surtout pas cicatriser la coupe sur les racines. En revanche, appliquer des hormones d'enracinement en poudre sur la partie coupée.

➔ Bon à savoir

Les arbustes restés longtemps dans leur containeur peuvent avoir développé un chignon de racines qu'il est difficile de démêler. Il faut agir avec beaucoup de délicatesse pour éviter toute blessure ou tout arrachage de racines importantes. Comme à chaque racine correspond une branche, une racine blessée peut entraîner la mort d'une branche et déséquilibrer le Bonsaï. Il est plus aisé de travailler sur un arbre que l'on aura laissé s'assécher : la terre tombe d'elle-même et le démêlage comme la séparation et la taille des racines en sont facilités.

S'il y a eu plusieurs rempotages dans le même pot, la masse racinaire est stabilisée. Il n'est donc pas nécessaire d'effectuer des tailles sévères sur les grosses racines ou sur le pivot.

Le Bonsaï est à plein pot ; il a besoin d'un rempotage. Le pot a dû être cassé pour sortir le Bonsaï sans endommager les racines.

Le Catalogue

Les Bonsaï les plus courants

des 37 genres de Bonsaï

Acer palmatum

caduc

extérieur

Le genre renferme plus de 120 espèces originaires, pour la majorité, des régions froides d'Asie et d'Amérique du Nord. Les érables sont des arbres à feuilles caduques, très variés dans leur silhouette, leur coloris et leur comportement. Si leur floraison est fort discrète, leur fructification est plus visible. Le tronc gris-brun de l'érable palmé porte des branches grandement ramifiées. Le feuillage opposé est, selon les espèces, rose, rouge, vert pâle ou brillant, panaché ou marginé. En automne, c'est une symphonie de tons de feu.

Espèces conseillées

Acer palmatum deshojo : feuillage rouge sang au printemps ; ***Acer palmatum seigen :*** feuillage rose tyrien au printemps ; ***Acer palmatum arakawa :*** l'écorce du tronc est semblable à celle du chêne-liège ; ***Acer palmatum kashima :*** sa silhouette a naturellement un aspect en balai *(Hokidachi)* ; ***Acer palmatum kiyohime :*** pousse naturellement en forme de balai *(Hokidachi)* et porte de toutes petites feuilles ; ***Acer palmatum katsura :*** feuillage orangé au printemps.

Acer palmatum de 30 ans

L'entretien

Où l'installer À l'extérieur. L'érable palmé n'aime pas le plein soleil de l'été ; il est à installer à l'est ou au nord-ouest. Mais il supporte bien le froid et même des gels courts ou peu accentués. Il aime le vent, s'il n'est pas desséchant, et demande des situations aérées.

Quand le rempoter Tous les 2 à 4 ans avant l'éclosion des feuilles, lorsque les bourgeons ont bien grossi.

Quel mélange terreux préparer Préparez 2/3 d'*Akadama*, 1/3 de sable de rivière. L'érable apprécie, en général, les sols pierreux et secs, plutôt calcaires. Évitez les sols alcalins.

Quand le tailler Pincez les nouvelles pousses au début du printemps. Retaillez les feuilles qui ont tendance à trop grandir en cours de saison. Taillez les rameaux en période de végétation dès qu'ils ont grandi d'une douzaine de centimètres. Défoliez les érables palmés en juin, si ce n'est pas l'année du rempotage. Effectuez une taille de structure en fin d'hiver. Les *Acer* apprécient bien cette taille.

Quand le fertiliser Faites une fois par mois un apport d'engrais organique à décomposition lente, de mars à juin et de septembre à novembre, en augmentant la dernière dose automnale pour préparer l'arbre à passer l'hiver.

Quand le (dé)ligaturer Le travail de formation se fait surtout par la taille. Si l'érable palmé a besoin d'être ligaturé, protégez l'écorce à l'aide de raphia avant de poser le fil d'aluminium cuivré au printemps. Retirez la ligature 4 mois plus tard environ.

Bon à savoir

Les feuilles de l'érable palmé peuvent griller au soleil de l'été. Recoupez alors l'extrémité de toutes les tiges.

Acer trifidum

caduc

extérieur

L'Acer buergerianum (érable de Burger) ou trifidum (trident) est de la famille des Acéracées. Il est originaire de l'est de la Chine. Cet arbre atteint 12 mètres. Le tronc droit est couvert d'une écorce beige qui s'exfolie en vieillissant. Le feuillage en forme de trident est vert puis jaune-orangé en automne. Les samares sont ailées.

Espèce conseillée

Acer monspessulanum : Érable de Montpellier. Originaire d'Asie occidentale, il atteint 10 mètres. Proche de l'érable champêtre, on le trouve aussi en Europe méridionale. Sa croissance est moyennement rapide. L'écorce gris sombre est striée de brun. Il reste ramifié à la base, sa cime est arrondie, son feuillage vert clair glabre, avec 3 lobes, est marcescent. Ses fruits sentent le miel.

L'entretien

Où l'installer À l'extérieur. Les érables trident et de Montpellier demandent du soleil et craignent le froid ; ils sont à protéger en hiver.
Ils aiment le vent, s'il n'est pas desséchant, et demandent des situations aérées.

Quand le rempoter Tous les 2 à 4 ans avant l'éclosion des feuilles, lorsque les bourgeons ont bien grossi.

Quel mélange terreux préparer Préparez 2/3 d'*Akadama* et 1/3 de sable de rivière. L'érable apprécie, en général, les sols pierreux, secs, plutôt calcaires. Évitez les sols alcalins.

Quand le tailler Pincez les nouvelles pousses au début du printemps. Retaillez les feuilles qui ont tendance à trop grandir en cours de saison.
Taillez les rameaux en période de végétation dès qu'ils ont grandi d'une douzaine de centimètres.
Défoliez les érables de Montpellier en juin, si ce n'est pas l'année du rempotage.
Effectuez une taille de structure en fin d'hiver. Les *Acer* apprécient bien cette taille.

Quand le fertiliser Faites une fois par mois un apport d'engrais organique à décomposition lente de mars à juin et de septembre à novembre, en augmentant la dernière dose automnale pour préparer l'arbre à passer l'hiver.

Quand le (dé)ligaturer Le travail de formation se fait surtout par la taille. Si l'érable trident a besoin de ligaturage, agissez en juin, juillet, août, en protégeant l'écorce avec du raphia.

➔ Bon à savoir

L'érable trident est très sensible au gel. Dès que la température descend au-dessous de zéro, placez-le hors gel, même dans un lieu sombre ; il est en repos végétatif et n'a pas alors besoin de beaucoup de luminosité.

en été

Acer trifidum de 38 ans

en automne

Bougainvillea

caduc ou persistant

extérieur en Méditerranée ; orangerie ou intérieur ailleurs

De la famille des Nyctaginacées, ce genre comprend une douzaine d'espèces originaires du Brésil. Ce sont des lianes ou des arbustes, rustiques autour de la Méditerranée, qui atteignent 10 mètres et ont un large développement. Les rameaux portent des aiguillons, l'écorce est brun clair ou foncé, le feuillage caduc ou persistant selon les variétés. L'involucre, composé de 3 bractées, va du blanc au rouge sombre en passant par le jaune, le violet ou l'orange. Les fleurs insignifiantes, groupées par 3, sont blanchâtres. En fin de floraison, la bractée décolorée tombe avec le fruit.

Espèces conseillées

Bougainvillea spectabilis : Ce bougainvillée à l'écorce claire, aux longs aiguillons, au feuillage persistant, vert clair et ovale porte des grandes bractées saumon ou mauves, épanouies de mars à juin.

Bougainvillea mini-taï : Ce bougainvillée originaire de Taïwan présente une écorce gris clair, des rameaux pubescents, un feuillage caduc à semi-persistant, des bractées parme, et blanches pour un cultivar.

Bougainvillea speciosa : Ce bougainvillée à l'écorce très claire porte des aiguillons recourbés, un feuillage persistant, vert clair, des bractées lilas et, chez certains cultivars, panachées.

L'entretien

Où l'installer Dehors, en Méditerranée. Ailleurs, en orangerie ou en intérieur. En situation très lumineuse, ensoleillée, chaude. Le bougainvillée supporte le vent, a besoin de fraîcheur en hiver mais redoute le gel.

Quand le rempoter Tous les 2 ans en avril-mai. Ou avant l'apparition des bractées.

Quel mélange terreux préparer Préparez 30 % d'*Akadama*, 30 % de sable de rivière, 20 % de terreau et 20 % de terre de bruyère (ou de *Kanuma*). Le bougainvillée demande un bon drainage. Il apprécie un sol riche et de préférence léger.

Quand le tailler Après la floraison, faites une taille courte des rameaux.

Pincez l'extrémité des rameaux en période de végétation, si nécessaire.

Effectuez en fin d'hiver, en février, une légère taille de structure.

Quand le fertiliser Faites tous les 15 jours un apport d'engrais organique à décomposition lente de mars à juin et de septembre à novembre. Augmentez la dernière dose automnale pour préparer le bougainvillée à passer l'hiver s'il est en situation fraîche. En intérieur, faites un apport mensuel en hiver.

Quand le (dé)ligaturer Posez le fil d'aluminium cuivré sur des tiges lignifiées tout au long de l'année et retirez-le après 5 ou 6 mois de pose.

➔ Bon à savoir

Le bougainvillée demande un pot assez profond pour un drainage épais. *Ne coupez pas les branches trop sévèrement pour obtenir une belle floraison au printemps suivant.*

Bougainvillea spectabilis de 30 ans

Carmona

semi-persistant à persistant

intérieur

De la famille des Borraginacées, ce genre originaire d'Asie du Sud-Est comprend une cinquantaine d'espèces tropicales. Cet arbre atteint 12 mètres et présente un tronc mince couvert d'une écorce beige et fissurée. Les rameaux sont courts et érigés ; le feuillage semi-persistant à persistant est ovale et denté, vert sombre, poilu dessus, glabre et plus clair dessous. Les fleurs, petites, en étoiles, blanches ou mauves donnent des fruits d'abord verts puis orange et violets à maturité.

Espèces conseillées

Carmona macrophylla : Arbre à thé de Fukien. Originaire d'Asie du Sud-est, il présente un tronc mince brun clair dont l'écorce se fissure, porteur de rameaux grêles, couverts de grandes feuilles opposées et vert sombre. Les fleurs blanches teintées de mauve pâle sont suivies de baies rondes, vertes puis rouges et enfin violettes.

Carmona microphylla : Arbre à thé de Fukien. Cette espèce diffère de la précédente par un feuillage beaucoup plus petit et un peu plus clair.

L'entretien

Où l'installer À l'intérieur. En situation aérée et très lumineuse. Le *Carmona* aime la chaleur et le soleil, et craint le froid.

Quand le rempoter Tous les 2 ans entre la fin mars et le début mai.

Quel mélange terreux préparer Mélangez 30 % d'*Akadama*, 30 % de sable de rivière, 20 % de terreau et 20 % de *Kanuma*. Le *Carmona* apprécie les sols fertiles.

Quand le tailler Taillez les rameaux sur le bois vert entre mars et octobre, et si nécessaire en hiver ; taillez plus court lors de la première coupe. Effectuez en février une taille de structure.

Quand le fertiliser Faites tous les 15 jours un apport d'engrais organique à décomposition lente de mars à juin et de septembre à novembre. En hiver, si le *Carmona* est en bonne condition, faites un apport mensuel.

Quand le (dé)ligaturer La silhouette est essentiellement formée par les tailles. Si besoin, posez la ligature sur du bois aoûté tout au long de l'année et retirez le fil d'aluminium cuivré après 2 ou 3 mois de pose.

Bon à savoir

Pour obtenir des fruits, ne retirez pas les petites fleurs. En revanche, supprimez régulièrement les départs du tronc ou des branches. Placez le Carmona *devant une fenêtre, sur un plateau garni de pouzzolane maintenue humide.*

Carmona microphylla de 42 ans

Carpinus

caduc

extérieur

De la famille des Corylacées, ce genre renferme 30 espèces environ, croissant en moyenne montagne dans l'hémisphère Nord. La longévité du Carpinus *est assez grande. Il atteint 20 mètres de haut. Son feuillage caduc prend des couleurs allant du jaune pâle aux tons de feux, en fonction des espèces, à l'automne.*

Espèces conseillées

***Carpinus betulus* :** Charme commun. Implanté aussi bien dans les plaines du nord et de l'est de la France qu'en Iran et dans le Caucase. Le bois dur est couvert d'une écorce grise, lisse et mince. Le tronc droit, cannelé, se termine par une cime ovoïde. Les rameaux, minces et sinueux, portent un feuillage denté, vert profond devenant orange en automne.

Carpinus japonica ou ***laxiflora* :** Charme du Japon. Arbre au tronc rugueux, à l'écorce écailleuse. Il porte des feuilles allongées, dentées et gaufrées, vert foncé dessus, brunes dessous. Les fruits en grappes sont des akènes.

***Carpinus coreana* :** Charme de Corée. Arbre au tronc lisse, rugueux à la base, à l'écorce gris-beige, porte des feuilles dentées, ovales, vernissées et légèrement coriaces. Il donne des akènes en partie recouverts par leur bractée.

Carpinus coreana de 48 ans

L'entretien

Où l'installer À l'extérieur, de préférence en situation légèrement ombrée en plein été. Le *Carpinus* ne craint ni le gel, ni le vent, ni le soleil, ni la chaleur. Il demande à suivre les saisons.

Quand le rempoter Tous les 2 ou 3 ans lorsque les bourgeons grossissent et avant que les feuilles n'éclosent.

Quel mélange terreux préparer De l'*Akadama* auquel on adjoint 30 % de sable de rivière. Le *Carpinus* aime les sols frais à humides et argileux.

Quand le tailler Pincez les bourgeons au départ de la végétation.

Taillez les rameaux dès qu'ils se sont bien allongés du printemps à l'automne. La première taille est la plus courte. Faites une taille de structure en fin d'hiver.

Quand le fertiliser Faites une fois par mois un apport d'engrais organique à décomposition lente de mars à juin et de septembre à novembre, en augmentant la dernière dose automnale pour préparer le charme à passer l'hiver.

Quand le (dé)ligaturer La silhouette se façonne davantage par les tailles. Si nécessaire, posez le fil d'aluminium cuivré au printemps, mars ou avril, et retirez-le après 4 mois de pose.

➔ Bon à savoir

Pensez à retirer régulièrement les rejets. En dehors des régions très chaudes et ensoleillées, placez de préférence le charme au soleil. Le charme aime les sols humides ; évitez cependant de laisser la terre trop mouillée. Laissez-la s'assécher entre deux arrosages abondants.

Cedrus

De la famille des Pinacées, ce genre comprend 4 espèces originaires du bassin méditerranéen, à l'exception d'une espèce originaire (comme son nom l'indique) de l'Himalaya. Arbre persistant.

persistant

extérieur

Espèces conseillées

Cedrus atlantica : Cèdre de l'Atlas. Originaire d'Afrique du Nord et du moyen Atlas. Il vit très âgé et atteint 40 mètres de haut. Le tronc est fort et élancé, la cime s'aplatit avec l'âge. Les rameaux obliques sont soit courts avec des aiguilles groupées à leur extrémité, soit longs avec des aiguilles isolées. Les aiguilles sont bleu-vert et les cônes petits.

Cedrus deodara : Cèdre de l'Himalaya. Il atteint jusqu'à 70 mètres de haut. Cet arbre est surtout ornemental, avec son tronc élancé, son bois parfumé et sa flèche pyramidale. Les rameaux retombants portent de longues aiguilles claires et aiguës, et des cônes violets.

Cedrus libani : Cèdre du Liban. Il atteint 50 mètres et peut vivre 2 000 ans. La cime, très large, s'aplatit avec le temps. Le tronc est fort, brun, à l'écorce gris sombre fissurée. Le bois est parfumé. Les rameaux portent des aiguilles rassemblées, vert foncé à reflets argentés et des cônes aux écailles appliquées.

L'entretien

Où l'installer À l'extérieur, au soleil, à la chaleur. Le cèdre supporte le vent mais n'aime pas le froid. À protéger des gelées longues et fortes.

Quand le rempoter Tous les 3 à 5 ans en mars-avril. Attention, le cèdre n'aime pas être transplanté.

Quel mélange terreux préparer Du *kyriu* auquel on adjoint 20 % d'*Akadama*. Préférez un sol sec, argilo-siliceux. Le cèdre de l'Himalaya n'aime pas les sols calcaires.

Quand le tailler Au début du printemps, au réveil de la végétation, taillez court les chandelles.

Taillez de nouveau au cours de l'été.

Supprimez les rejets et taillez les rameaux en période végétative, et, en automne, faites une légère taille des rameaux bien développés.

À la fin de l'hiver, faites une taille de structure.

Quand le fertiliser Faites une fois par mois un apport d'engrais organique à décomposition lente de mars à juin et de septembre à novembre, en augmentant la dernière dose automnale pour préparer le cèdre à passer l'hiver.

Quand le (dé)ligaturer Ligaturez entre novembre et janvier. Retirez la ligature après 10 mois de pose environ.

➔ Bon à savoir

Le cèdre n'aime pas les sols humides ; laissez sécher la terre entre deux arrosages abondants. En été, bassinez le feuillage pour apporter aux aiguilles l'humidité dont elles ont besoin.

Cedrus atlantica
de 32 ans

Celtis

De la famille des Ulmacées, ce genre comprend environ 70 espèces. La plupart sont originaires de régions subtropicales à tropicales et une quinzaine d'espèces est originaire de régions tempérées de l'hémisphère Nord. Le feuillage est caduc à semi-persistant.

caduc à semi-persistant

extérieur et orangerie

Espèces conseillées

***Celtis australis*:** Micocoulier d'Europe ou de Fabregnier. De croissance lente, il atteint une trentaine de mètres et son tronc est large. Les branches horizontales portent des rameaux souples et grêles. Les feuilles dentées, vert sombre dessus, vert-gris et pubescentes dessous, sont caduques. Les fleurs vert d'eau à l'aisselle donnent des fruits violets.

***Celtis sinensis*:** Micocoulier de Chine. De croissance rapide, il atteint une vingtaine de mètres. Le grand feuillage, vert brillant, ovale, légèrement découpé est caduc. Les fruits, des drupes rouges, parfois jaunes, sont comestibles et très décoratifs.

***Celtis formosanum hayata*:** Micocoulier de Formose. Se distingue du précédent par son feuillage semi-persistant, beaucoup plus petit, plus sombre et plus découpé.

Celtis formosanum de 35 ans

L'entretien

Où l'installer

Celtis australis en extérieur. Avec des étés chauds et des hivers frais, mais à protéger du gel.

Celtis sinensis et ***formosanum*** en véranda ou en intérieur. Ils redoutent le froid et le vent fort.

Tous demandent une situation aérée et très lumineuse, supportent le soleil et craignent le gel.

Quand le rempoter Tous les 2 ou 3 ans au début du printemps.

Quel mélange terreux préparer Mélangez 70 % d'*Akadama* et 30 % de sable de rivière. Le micocoulier apprécie les sols légers, riches, frais mais non humides et accepte les terres plus rocailleuses.

Quand le tailler Pincez les nouvelles pousses au départ de la végétation.

Taillez les rameaux entre mars et octobre dès qu'ils se sont allongés d'une dizaine de centimètres, en rabattant assez court.

Effectuez une taille de structure en fin d'hiver.

Quand le (dé)ligaturer Posez le fil d'aluminium cuivré au printemps et retirez-le après 3 ou 4 mois de pose. Protégez l'écorce avec du raphia.

➔ Bon à savoir

Taillez sévèrement les racines lors du rempotage, si les racines latérales sont bien développées, pour favoriser une croissance harmonieuse. Mastiquez les fortes coupes, surtout sur le micocoulier de Chine pour lui permettre une bonne cicatrisation.

Chaenomeles

De la famille des Rosacées, ce genre comprend 4 espèces originaires de Chine et du Japon. Le cognassier est considéré dans le monde rural comme le messager du printemps : sa floraison écarlate apparaît en fin d'hiver quand tout semble encore endormi et annonce le réveil de la sève.

caduc

extérieur

Espèces conseillées

Chaenomeles japonica : Cognassier du Japon. Cet arbre de petite dimension, au port compact, porte des rameaux épineux. Le feuillage caduc, rouge brique, crénelé, lisse éclôt après la floraison en mars. Les fruits odorants, jaunes, non comestibles sont mûrs en octobre.

Chaenomeles lagenaria : Cognassier tortueux. Originaire de Chine, il porte des branches épineuses. Le feuillage caduc est vert brillant. Les fleurs précoces, blanches ou rouges, éclosent en fin d'hiver. Les fruits odorants jaune-vert, amers et comestibles, mûrissent en octobre.

Chaenomeles sinensis : Cognassier de Chine. Cet arbre plus grand se différencie aussi des autres par des rameaux non épineux et par son écorce qui s'exfolie. Le feuillage prend des teintes rouges en automne. De floraison tardive, les fleurs sont rose pâle à saumoné. Les fruits durs, oblongs, jaune foncé à orange sont mûrs en octobre.

Chaenomeles speciosa : Souvent utilisé dans les paysages, ce cognassier porte de toutes petites feuilles et des fleurs d'un beau rouge carmin.

L'entretien

Où l'installer À l'extérieur. En situation ensoleillée et abritée des vents froids. Il aime la chaleur et redoute le gel long ou excessif.

Quand le rempoter Tous les 2 ans, après la floraison, ou en automne, après la chute des feuilles.

Quel mélange terreux préparer Mélangez 50 % d'*Akadama*, 30 % de sable de rivière et 20 % de terreau. Le cognassier n'apprécie pas les sols calcaires responsables de la chlorose. Il demande une terre légère et fertile.

Quand le tailler Après la floraison, taillez les rameaux et coupez les branches âgées.

En septembre, effectuez une nouvelle taille, assez courte, des rameaux et des branches.

Quand le fertiliser Faites une fois par mois un apport d'engrais organique à décomposition lente de mars à juin et de septembre à novembre, en augmentant la dernière dose automnale pour préparer le cognassier à passer l'hiver.

Quand le (dé)ligaturer Posez délicatement le fil d'aluminium cuivré au printemps, après la floraison et retirez-le après 4 mois de pose environ.

Bon à savoir

Retirez bien les fleurs fanées et les fruits flétris. Enlevez quelques fleurs et quelques fruits si le Bonsaï est très chargé pour éviter, d'une part, la fatigue et, d'autre part, de voir les fruits rompre les branches.

Chaenomeles sinensis de 38 ans

Chamaecyparis

persistant

extérieur

De la famille des Cupressacées, le Chamaecyparis *est originaire d'Amérique du Nord pour 3 espèces, du Japon pour 2 espèces, dont le* Chamaecyparis obtusa, *et de Taïwan pour 1 espèce. Il est appelé faux-cyprès, car ses rameaux aplatis disposés en éventail et la petitesse de ses cônes le différencient du cyprès. Le feuillage est persistant.*

Espèce conseillée

***Chamaecyparis obtusa*:** Aussi nommé faux-cyprès, il peut atteindre 40 mètres. C'est un arbre sacré au Japon. Le tronc droit est couvert d'une écorce rouge qui se détache en étroites lanières longitudinales. Les nombreuses branches rouges contrastent joliment avec le feuillage vert vif plus foncé dessus et marqué d'un X blanc dessous. Les cônes sont orange à maturité.

L'entretien

Où l'installer À l'extérieur, de préférence dans un lieu ombragé, aéré et humide, surtout en été. S'il résiste au froid, il n'aime pas le vent qui dessèche.

Quand le rempoter Tous les 3 à 5 ans en mars et avril.

Quel mélange terreux préparer Du *Kyriu* auquel vous ajoutez de l'*Akadama* en faible quantité. Le *Chamaecyparis* demande un sol profond, humide et frais, léger et de préférence calcaire.

Quand le tailler Pincez les nouvelles pousses au départ de la végétation. Renouvelez le pincement deux ou trois fois dans la saison.

Taillez les rameaux en avril et les branches, si besoin, en fin d'hiver. Ne coupez jamais les aiguilles, cela ferait mourir l'arbre.

Quand le fertiliser Faites une fois par mois un apport d'engrais organique à décomposition lente de mars à juin et de septembre à novembre, en augmentant la dernière dose automnale pour préparer le *Chamaecyparis* à passer l'hiver.

Quand le (dé)ligaturer Posez le fil d'aluminium cuivré en automne, entre novembre et janvier, et retirez-le entre octobre et décembre.

➔ Bon à savoir

Bassinez largement le tronc et le feuillage lors des arrosages, surtout par temps chaud, sec ou venteux. Si le Chamaecyparis *aime des sols humides, prenez garde à ne pas laisser le mélange terreux trop mouillé ; il doit s'assécher entre deux arrosages abondants.*

Chamaecyparis obtusa de 48 ans

Chamaecyparis thyoides top point de 18 ans

Cotoneaster

caduc à persistant

extérieur

De la famille des Rosacées, ce genre renferme une centaine d'espèces originaires des montagnes d'Asie, d'Afrique du Nord et d'Europe. Très différent d'une espèce à l'autre, son port est dressé ou rampant, érigé ou étalé, son feuillage est caduc, semi-persistant ou persistant. Les fleurs, petites, sont blanches, roses ou rouges et les fruits rouges ou noirs.

Espèces conseillées

Cotoneaster horizontalis : Cotonéaster rampant. Originaire de Chine, il peut atteindre 1 mètre et montre une envergure qui peut être plus du double de sa hauteur. Les branches horizontales, les rameaux étalés, couverts d'un duvet laineux portent un feuillage ovale, vert foncé et brillant dessus, glauque dessous, aux tons de feu avant de tomber en fin d'hiver. Les petites fleurs rose saumoné attirent les abeilles. Les baies rouges et globuleuses attirent les corbeaux.

Cotoneaster microphylla : Originaire de l'Himalaya, il atteint 1 mètre de haut et 3 mètres d'envergure. La silhouette prostrée est dense, les rameaux étalés et arqués sont duveteux. Le feuillage ovale, échancré au sommet est vert sombre dessus, pubescent dessous. Les rares fleurs blanches éclosent en mai et les baies, rouge écarlate, sont mûres en octobre.

L'entretien

Où l'installer À l'extérieur. En situation ensoleillée et venteuse. Le cotonéaster aime la chaleur et craint le gel. Il aime les emplacements à l'hygrométrie élevée.

Quand le rempoter Tous les 1 ou 2 ans, au printemps, avant l'éclosion des nouvelles pousses.

Quel mélange terreux préparer Préparez un mélange composé de 50 % d'*Akadama*, 30 % de sable de rivière et 20 % de terreau.

Le cotonéaster aime un bon sol frais, léger et fertile, gravillonneux ou sableux à dominante calcaire.

Quand le tailler Taillez assez court les rameaux après la floraison et de nouveau en fin d'été (septembre). Taillez les branches avant le rempotage (pas après).

Effectuez en février une taille de structure surtout pour supprimer les gourmands et les branches inesthétiques.

Quand le fertiliser Faites une fois par mois un apport d'engrais organique à décomposition lente de mars à juin et de septembre à novembre, en augmentant la dernière dose automnale pour préparer le cotonéaster à passer l'hiver.

Quand le (dé)ligaturer Posez le fil d'aluminium cuivré avant l'éclosion des bourgeons floraux. Protégez l'écorce avec du raphia. Retirez la ligature après 3 mois de pose.

Bon à savoir

Pensez à retirer les fruits flétris.

Abritez des oiseaux quand le cotonéaster porte ses baies.

Cotoneaster horizontalis de 25 ans

Crataegus

De la famille des Rosacées, ce genre comprend 150 espèces d'ornement. Originaire d'Asie, d'Amérique du Nord et d'Europe occidentale, l'aubépine atteint 7 mètres. Arbre épineux à feuilles caduques et à fleurs blanches, roses ou rouges.

caduc

extérieur

Espèces conseillées

Crataegus cuneata : Originaire du Japon, le tronc est noueux, couvert d'écorce gris-brun. Le feuillage est denté, les fleurs roses au printemps blanchissent en s'épanouissant, les fruits peuvent être jaunes ou rouges.

Crataegus oxyacantha : Aubépine commune originaire d'Europe et d'Afrique du Nord. Le tronc souvent divisé est épineux. Les feuilles sont ovales, vert sombre, brillantes dessus, plus claires dessous ; les fleurs blanches donnent des fruits rouges, mûrs en automne.

Crataegus cuneata
de 35 ans

L'entretien

Où l'installer À l'extérieur. En situation ensoleillée et bien lumineuse, légèrement ombrée en plein été. Aime le vent, supporte bien le froid et craint les fortes chaleurs.

Quand le rempoter Tous les ans, de préférence au début du printemps ou en automne après la chute des feuilles.

Quel mélange terreux préparer Faites un mélange composé de 50 % d'*Akadama*, de 30 % de sable de rivière et de 20 % de terreau. L'aubépine est peu exigeante au niveau terrain ; il faut éviter un sol trop calcaire ou trop argileux. Elle préfère un sol un peu sec, rocailleux et profond.

Quand le tailler Pincez les pointes quand les feuilles commencent à durcir.

Taillez court les rameaux après floraison, en fin de printemps.

Taillez de nouveau, en septembre, les rameaux et les branches.

Faites une légère taille de structure avant l'apparition des bourgeons floraux.

Quand le fertiliser Faites une fois par mois un apport d'engrais organique à décomposition lente de mars à juin et de septembre à novembre, en augmentant la dernière dose automnale pour préparer l'aubépine à passer l'hiver.

Quand le (dé)ligaturer Attendez que les nouvelles pousses aient durci pour poser le fil d'aluminium cuivré au printemps. Protégez l'écorce avec du raphia. Retirez la ligature en automne.

Bon à savoir

Retirez quelques fruits des branches si elles sont trop chargées. Pensez à enlever les fleurs fanées. Arrosez moins fréquemment quand l'aubépine est en fleur pour éviter de la faire faner trop vite.

Duranta

De la famille des Verbénacées, ce genre comprend 5 espèces originaires d'Amérique tropicale, entre la Bolivie et le Mexique. Le Duranta est un arbuste au feuillage persistant, vert clair éclatant. Il donne des fleurs bleues, au parfum de vanille, réunies en épis axillaires ou terminaux, mais très rarement chez les espèces cultivées sous nos climats.

persistant

intérieur

Espèces conseillées

***Duranta repens*:** Ce duranta est un arbuste au tronc court, très ramifié et à la cime arrondie. L'écorce est douce et lisse. Le feuillage est ovale et entier. Les petites fleurs bleues sont réunies en panicules. Les fruits en grappes orange sont semblables à des pois chiches.

***Duranta repens aurea*:** Duranta doré. Cultivar dont les feuilles sont vert jaune d'or.

Duranta repens aurea de 37 ans

L'entretien

Où l'installer À l'intérieur. En situation très lumineuse toute l'année. Il aime la chaleur et le soleil, et craint le froid. Il peut être sorti en été ; placez-le alors dans un lieu légèrement ombré, qu'il reçoive les rayons indirects du soleil.

Quand le rempoter Tous les 1 ou 2 ans entre fin mars et début mai.

Quel mélange terreux préparer Mélangez avant de tamiser 40 % d'*Akadama*, 30 % de sable de rivière, 20 % de terreau et 10 % de terre de bruyère. Le duranta apprécie les bons sols francs, secs, légers et frais.

Quand le tailler Pincez les nouvelles pousses en début de printemps.

Taillez les rameaux très court en début de printemps. Renouvelez les tailles en période végétative dès que les rameaux se sont allongés d'une dizaine de centimètres.

Quand le fertiliser Faites tous les 15 jours un apport d'engrais organique à décomposition lente de mars à juin et de septembre à novembre. Et une fois par mois entre décembre et fin février, si le duranta est en bonne condition.

Quand le (dé)ligaturer Posez le fil d'aluminium cuivré sur du bois aoûté tout au long de l'année et retirez-le après 2 ou 3 mois de pose. Protégez l'écorce avec du raphia.

➔ Bon à savoir

Attention lors du ligaturage : les branches du duranta sont cassantes ; opérez délicatement. Installez votre Bonsaï sur un plateau empli de pouzzolane humide pour lui apporter l'hygrométrie qui lui est nécessaire. Pour obtenir des fleurs, laissez pousser les rameaux longuement. En effet, les fleurs éclosent sur les tiges de l'année.

Eugenia

De la famille des Myrtacées, ce genre comprend plus de 500 espèces originaires des régions tropicales et subtropicales. Ce sont des essences odorantes, variées, dont certaines sont cultivées pour leurs épices ou leur parfum. Arbre à feuilles persistantes, opposées.

persistant

intérieur

Espèces conseillées

Eugenia cauliflora : Prunier de Java. Originaire d'Indonésie, il présente une écorce brun-rouge, lisse, qui s'exfolie. Les rameaux très étalés portent des feuilles d'abord saumon avant de devenir vert clair. Les fleurs en ombrelles blanches donnent des baies vertes puis noires, comestibles, directement accrochées au bois.

Eugenia jambolana : Cerisier des Indes. Arbuste compact à l'écorce qui se fissure par plaques, aux branches munies de nombreux rameaux. Le feuillage obovale d'abord rosé devient vert. Les fleurs, de mai à juillet, réunies en cymes donnent des fruits pendants, goûteux, rouges puis bruns, en forme d'olive.

Eugenia myrtifolia : Cerisier d'Australie. Arbuste compact qui atteint 10 mètres, au tronc couvert d'une écorce tachetée portant des rameaux grêles de ton rouge. Le feuillage elliptique éclôt brun-rouge pour verdir. Les fleurs, en panicules blanches, donnent des fruits ovoïdes, roses puis rouge sombre à maturité, comestibles.

Eugenia uniflora : Cerisier de Cayenne. Originaire d'Amérique tropicale et connu sous le nom de pitanguier, cet arbre de grande longévité atteint 7 mètres. Le tronc mince et lisse, couvert d'une écorce brune porte des rameaux étalés, couverts d'un feuillage vert cuivré fonçant avec l'âge. Les fleurs blanches et solitaires éclosent à l'extrémité des tiges et donnent des baies globuleuses, roses puis écarlates, comestibles et acidulées.

L'entretien

Où l'installer À l'intérieur. En situation très lumineuse. Il aime la chaleur, apprécie de recevoir les rayons indirects du soleil et demande une hygrométrie élevée.

Quand le rempoter Tous les 2 ou 3 ans entre fin mars et début mai.

Quel mélange terreux préparer Mélangez 40 % d'*Akadama*, 30 % de sable de rivière et 30 % de terreau. Les *Eugenia* demandent des sols fertiles, frais, de préférence calcaires.

Quand le tailler Taillez les rameaux en cours de végétation dès qu'ils se sont allongés d'une dizaine de centimètres ; la 1re taille de printemps doit être plus courte. En fin d'hiver, effectuez une taille de structure. Défeuillez l'*Eugenia* 1 an sur 2, en mai ou juin, mais pas l'année d'un rempotage.

Quand le fertiliser Faites tous les 15 jours un apport d'engrais organique à décomposition lente de mars à juin et de septembre à novembre. Entre décembre et fin février, si l'arbre est en bonne condition, faites un apport mensuel.

➔ Bon à savoir

*En hiver, si l'*Eugenia *est placé en bonne condition, taillez les rameaux bien développés. Placez l'arbre sur un plateau empli de pouzzolane maintenue humide pour lui apporter l'hygrométrie nécessaire.*

Eugenia myrtifolia de 9 ans

Fagus

De la famille des Fagacées, les hêtres sont originaires des régions tempérées de l'hémisphère Nord. Ce genre comprend environ 10 espèces à la grande longévité. Très répandu en France, il présente un tronc élancé couvert d'une écorce gris cendré, lisse. Le feuillage caduc, d'abord vert clair, fonce en été et roussit en automne ; il ne tombe qu'à l'éclosion des pousses printanières. Les fruits, ou faînes, sont des noix mûres en octobre.

caduc

extérieur

Espèces conseillées

***Fagus sylvatica* :** Hêtre commun. Espèce forestière française au tronc droit et large, le hêtre porte des bourgeons aigus, longs, couverts d'écailles rousses, des feuilles marcescentes, vert plus clair dessous et des faînes protégées par 4 valves.

***Fagus crenata* :** Hêtre crénelé. Originaire du Japon, il prend ses couleurs d'automne tardivement. Le tronc, dépouillé en partie basse, s'achève en une cime ovoïde.

L'entretien

Où l'installer À l'extérieur. Arbre de forêt, le hêtre préfère des emplacements semi-ombragés, frais et humides. Il redoute autant les fortes chaleurs que le gel, supporte bien le vent et aime recevoir les doux rayons du soleil.

Quand le rempoter Tous les 3 à 5 ans au printemps, avant l'éclosion des nouvelles pousses.

Quel mélange terreux préparer Préparez un mélange composé de 2/3 d'*Akadama* et de 1/3 de sable de rivière. Le hêtre apprécie les sols profonds et frais à dominante argileuse et siliceuse, même s'il accepte des terres plus calcaires, voire pierreuses. Évitez un sol compact ou trop humide.

Quand le tailler Pincez les nouvelles pousses printanières quand elles sont encore tendres. Comme elles ne portent pas de bourgeons secondaires, cette absence de pincement entraînerait des entre-nœuds très espacés.

Taillez légèrement rameaux et branches au printemps. Défoliez en été tous les 2 ou 3 ans, mais pas l'année du rempotage.

Effectuez une taille de structure en fin d'hiver.

Quand le fertiliser Faites une fois par mois un apport d'engrais organique à décomposition lente de mars à juin et de septembre à novembre, en augmentant la dernière dose automnale pour préparer le hêtre à passer l'hiver.

Quand le (dé)ligaturer Au printemps, sur des branches aoûtées, posez le fil d'aluminium cuivré après avoir protégé l'écorce avec du raphia. Retirez la ligature après 3 ou 4 mois de pose.

➔ Bon à savoir

Au printemps, les bourgeons débourrent très rapidement. Ne laissez pas les jeunes pousses se développer. Si vous ne pouvez pas les pincer parce que vous les avez laissé durcir, coupez-les avec des ciseaux à double tranchant. Le pincement ne se pratique qu'une seule fois dans la saison.

Fagus sylvatica purpurea de 18 ans

Ficus

caduc ou persistant

intérieur et orangerie

De la famille des Moracées, ce genre comprend plus d'un millier d'espèces très différentes, de la liane à l'arbre géant, originaires des régions sub-tropicales à tropicales. Le feuillage caduc ou persistant est alterne, lobé ou entier.

Espèces conseillées

***Ficus benjamina*:** Figuier de Benjamin. Originaire d'Australie et d'Asie tropicale, ce grand arbre, souple et élégant, a une écorce grise et lisse, des branches grêles et retombantes, un feuillage oblong, persistant, vert brillant et des petites baies globuleuses.

***Ficus carica*:** Figuier. Originaire du bassin méditerranéen, de grande envergure, ses rameaux portent un feuillage caduc, denté et des fruits comestibles verts ou violets.

***Ficus neriifolia*:** Figuier. Cultivar de croissance rapide. Tronc mince, branches en ombrelle, feuillage persistant, lancéolé, étroit.

***Ficus retusa*:** Banyan. Originaire d'Asie, il atteint 50 mètres et son envergure est très vaste. Feuillage persistant, vert, allongé. Racines noueuses et aériennes.

***Ficus retusa formosanum*:** Banyan de Formose. Originaire de Taïwan. Se distingue du précédent par un feuillage rond.

***Ficus natasha*:** Cultivar proche du *F. benjamina*. Quelques racines adventives. Les feuilles sont plus petites. Le fruit piriforme rougit quand il est mûr.

Ficus retusa de 24 ans

L'entretien

Où l'installer Le *Ficus carica* est un arbre d'orangerie qui demande des étés chauds et ensoleillés et des hivers frais et lumineux. En fonction de votre habitat, placez-le dehors ou en intérieur.

Placez les autres *Ficus* en intérieur, à la chaleur, en situation aérée et très lumineuse.

Quand le rempoter Tous les 2 ou 3 ans entre mi-mars et début mai.

Quel mélange terreux préparer Mélangez 30 % d'*Akadama*, 30 % de sable de rivière, 20 % de terreau et 20 % de tourbe.

Pour le *F. carica*, mélangez 60 % d'*Akadama*, 20 % de sable de rivière et 20 % de terreau.

Le *Ficus* demande des sols frais et perméables, légèrement calcaires, riches et profonds.

Quand le tailler Pincez les nouvelles pousses au début de la végétation.

Taillez les rameaux en période de végétation.

Défoliez tous les 2 ou 3 ans, mais pas l'année du rempotage.

Quand le fertiliser Faites tous les 15 jours un apport d'engrais organique à décomposition lente de mars à juin et de septembre à novembre. En hiver, sauf pour le *F. carica*, faites un apport mensuel.

Quand le (dé)ligaturer Posez le fil d'aluminium cuivré sur du bois aoûté et retirez-le après 2 mois de pose. Ligaturez le *Ficus carica* en juin et retirez la ligature en septembre.

➔ Bon à savoir

Placez les Ficus *d'intérieur sur un plateau garni de pouzzolane maintenue humide pour apporter l'hygrométrie nécessaire.* *Ne taillez pas les racines aériennes.*

Ginkgo

De la famille des Ginkgoacées, c'est une espèce dioïque. Cet arbre fossile, aussi ancien que la création du monde, atteint 30 mètres. Le feuillage est caduc, avec une déchirure médiane plus ou moins accentuée dessinant 2 lobes, d'où le nom biloba.

caduc

extérieur

Espèces conseillées

Ginkgo biloba : Le tronc droit est couvert d'une écorce gris cendré, fissurée en long ; les branches s'étalent horizontalement. La cime du mâle est conique, celle de la femelle a une couronne large composée de feuilles plus incisées et faisant un automne plus tardif (que celles de l'arbre mâle). Le feuillage vert clair devient jaune d'or à l'automne. Le fruit, une prune jaune, sent très mauvais.
Ginkgo biloba aurea : Se différencie du précédent par un feuillage jaune vif.

➔ Bon à savoir

Supprimez les départs et les rejets. Le ginkgo aime la fraîcheur de l'air et la rosée. Bassinez-le le plus souvent possible. Veillez à bien mastiquer les coupes ou plaies pour éviter l'installation de pourriture entre le bois et l'écorce.

L'entretien

Où l'installer À l'extérieur. Peu difficile, il apprécie le soleil et la chaleur, le vent. Il résiste à la pollution, mais redoute le gel intense ou long.
Quand le rempoter Tous les 3 ou 4 ans, au printemps, après l'éclosion des bourgeons.
Quel mélange terreux préparer Préparez un mélange composé d'*Akadama*, de sable de rivière et de terreau à parts égales.
Le ginkgo aime les sols profonds et fertiles, argileux à glaiseux.
Quand le tailler Pincez les nouvelles pousses et taillez 2 ou 3 feuilles sur chaque branche au départ de la végétation. Renouvelez ces tailles lors de la seconde pousse.
Taillez les rameaux quand les feuilles auront durci.
Taillez les branches lors du rempotage.
Faites, en fin d'hiver, une taille de structure, mais pas l'année du rempotage.
Quand le fertiliser Faites une fois par mois un apport d'engrais organique à décomposition lente de mars à juin et de septembre à novembre, en augmentant la dernière dose automnale pour préparer le ginkgo à passer l'hiver.
Quand le (dé)ligaturer Assez rarement ligaturé, le ginkgo est formé par les tailles. Si nécessaire, posez la ligature en automne et retirez-la à la fin de l'été.

Ginkgo biloba
de 43 ans

Juniperus

De la famille des Cupressacées. La caractéristique des genévriers est de porter des cônes femelles qui, mûrs, deviennent charnus et bleutés, et des aiguilles aiguës en alternance avec des écailles opposées. Le feuillage est persistant.

Espèces conseillées

***Juniperus chinensis* :** Genévrier de Chine. Originaire de Chine, il atteint 20 mètres de hauteur. Les aiguilles vert clair dessus, striées de 2 bandes blanches dessous sont aciculaires. Il donne des fleurs mâles jaune pâle que suivent des baies d'abord vertes, puis brunes à maturité.

***Juniperus rigida* :** Genévrier rigide. Originaire de Mandchourie, Corée et Japon, il atteint une dizaine de mètres. Les branches arquées à leur extrémité portent des rameaux retombants. Le feuillage vert jaune strié dessus, raide, aciculaire est piquant. Les baies sont noires et cireuses.

***Juniperus chinensis formosanum* :** Genévrier de Formose. Originaire d'Extrême-Orient. L'écorce marron, fissurée, les rameaux souples et retombants, les aiguilles aciculaires et squamiformes, vert sombre à bleu-vert, les baies bleu nuit à brun sont ses caractéristiques.

L'entretien

Où l'installer Les *Juniperus chinensis* et *J. rigida* vivent dehors, au soleil et apprécient le vent. Ils supportent le gel et sont à considérer comme arbres de montagne.
Le *Juniperus ch. formosanum* est un Bonsaï d'orangerie. Été chaud et ensoleillé, hiver frais et très lumineux.

Juniperus rigida de 95 ans

Juniperus chinensis sargentii de 36 ans

persistant

extérieur et orangerie

Quand le rempoter Les *Juniperus chinensis* et *J. rigida* se rempotent tous les 3 à 5 ans en mars ou avril.
Le *Juniperus ch. formosanum* se rempote tous les 2 ou 3 ans en avril ou mai.
Quel mélange terreux préparer Du *Kyriu* auquel on peut adjoindre 10 à 20 % d'*Akadama*. Le sol doit être fertile, profond, perméable et légèrement calcaire.
Quand le tailler Pincez très court les nouvelles pousses au départ de la végétation, une fois par mois.
Pincez fréquemment en période végétative. Le genévrier de Chine doit être continuellement pincé tant il a tendance à être touffu. Cela évite à la ramure intérieure de mourir par manque d'air et de lumière.
Taillez les rameaux au début du printemps et en automne. N'hésitez pas à tailler à l'intérieur de la couronne les rameaux morts du *Juniperus chinensis* et à dégager la ramure en jouant avec les vides pour permettre à l'ensemble de la ramure de respirer et de recevoir les rayons du soleil.
Taillez les branches, si besoin, en fin d'hiver.

Quand le fertiliser Les *Juniperus chinensis* et *J. rigida* : une fois par mois de mars à juin et de septembre à novembre. Faites un apport d'engrais organique à décomposition lente. Augmentez la dernière dose automnale pour préparer les genévriers à passer l'hiver.
Le *Juniperus ch. formosanum* : toutes les 3 semaines de mars à juin et de septembre à novembre, et toutes les 6 semaines de novembre à mars.
Quand le (dé)ligaturer Posez le fil d'aluminium cuivré entre novembre et janvier et retirez-le environ 10 mois plus tard, entre octobre et décembre.

➔ Bon à savoir

Les aiguilles et les flèches peuvent brunir en cas de gel. Sans dommage pour les Bonsaï. *Placez le* Juniperus chinensis formosanum *sur un plateau garni de pouzzolane maintenue humide pour lui garantir l'hygrométrie qui lui est indispensable.*

Juniperus communis horstmann de 12 ans

Larix

caduc

extérieur

De la famille des Pinacées, le Larix *est originaire des hautes montagnes de l'hémisphère Nord. Habitué aux régions froides, la particularité de ce conifère est d'être caduc. Sa croissance est rapide et sa longévité grande.*

Espèce conseillée

Larix decidua : Mélèze d'Europe. Endémique en France à partir de 1 300 mètres d'altitude, il atteint 50 mètres de haut. Le tronc droit, cylindrique s'achève par une longue cime pyramidale aiguë. L'écorce grise et fine s'épaissit, se brunit et se creuse avec l'âge. Les rameaux sont de deux sortes : longs et effilés portant des aiguilles solitaires, ou courts portant des aiguilles vertes et molles, en rosette. Les chatons mâles, vert pâle, apparaissent sur les rameaux dépouillés d'aiguilles, tandis que les chatons femelles, violets, arrivent sur ceux fournis d'aiguilles. Les cônes rouges sont dressés et écailleux.

L'entretien

Où l'installer À l'extérieur au soleil et, en été, à la mi-ombre, à l'abri du vent desséchant et des grosses chaleurs. Il aime les endroits aérés et humides.

Quand le rempoter Tous les 3 ou 4 ans en avril.

Quel mélange terreux préparer Du *Kyriu* avec un peu d'*Akadama*. Le *Larix* aime les sols argileux, profonds, frais, humides et bien drainés.

Quand le tailler Pincez les nouvelles pousses au printemps. Renouvelez en période de végétation pour décompacter la couronne.

Pendant la période de végétation, après croissance, taillez les rameaux.

En fin d'hiver, tous les 2 ans environ, faites une taille de structure. Retirez tous les départs sur le tronc et les branches maîtresses.

Quand le fertiliser Faites une fois par mois un apport d'engrais organique à décomposition lente de mars à juin et de septembre à novembre, en augmentant la dernière dose automnale pour le préparer à passer l'hiver.

Quand le (dé)ligaturer Posez le fil d'aluminium cuivré en début d'été et retirez-le en fin d'automne. Attention à ne pas coincer les aiguilles.

Bon à savoir

Le Larix *aime l'humidité. Cependant, veillez à ne pas laisser d'eau stagner et à ce que le sol s'assèche avant tout arrosage abondant. Par temps sec et venteux, bassinez le feuillage. Ne coupez pas les aiguilles, cela serait fatal au* Larix.

Larix decidua de 30 ans

Malus

De la famille des Rosacées, ce genre renferme environ 30 espèces originaires d'Asie, d'Amérique du Nord et d'Europe. Ce sont des arbres soit d'ornement, soit de culture nourricière. Les fruits, mûrs en automne, plus ou moins âcres, sont comestibles. Les fleurs, qui éclosent au printemps, sont blanches à roses. Le feuillage vert est caduc.

caduc

extérieur

Espèces conseillées

Malus evereste : Pommier. Ce cultivar français, présentant un tronc gris-brun rugueux, donne des fleurs roses puis blanches, odorantes, et des petits fruits orangés, au goût acidulé.

Malus cerasifera : Pommier cerise. Originaire du Japon, il atteint 6 mètres. Le tronc épais, noueux, couvert d'une écorce grise et lisse porte des branches fines et nombreuses. Les rameaux se couvrent précocement de fleurs sorties avant les feuilles. Les fruits ont la taille d'une cerise et sont rouges ou jaunes suivant les cultivars.

Malus evereste de 16 ans

L'entretien

Où l'installer À l'extérieur. Installez-le dans un endroit lumineux et ensoleillé, aéré à venteux. S'il supporte le froid hivernal, le pommier redoute les gelées tardives quand il est en pleine floraison.

Quand le rempoter Tous les 1 ou 2 ans après la floraison. Il est possible de rempoter le pommier lors du grossissement des bourgeons, mais la floraison s'en ressentira alors.

Quel mélange terreux préparer Préparez un mélange composé de 30 % d'*Akadama*, 20 % de sable de rivière, 40 % de terreau et 10 % de tourbe. Le pommier apprécie les bonnes terres fertiles.

Quand le tailler Après la floraison, taillez les rameaux assez court, à 2 ou 3 yeux, en tâchant de conserver les futurs fruits.

En début d'automne, retaillez les nouvelles pousses allongées.

En fin d'hiver, faites une légère taille de structure en évitant de couper les boutons floraux.

Quand le fertiliser Faites une fois par mois un apport d'engrais organique à décomposition lente de mars à juin et de septembre à novembre, en augmentant la dernière dose automnale pour préparer le pommier à passer l'hiver.

Quand le (dé)ligaturer Posez le fil d'aluminium cuivré à la fin du printemps et retirez-le en automne. Protégez l'écorce avec du raphia.

➔ Bon à savoir

Lorsque le Bonsaï porte beaucoup de fleurs ou beaucoup de fruits, retirez-en quelques-uns pour éviter que le pommier ne se fatigue trop. Pour favoriser la fructification, faites vous-même la pollinisation des fleurs : cueillez une fleur et faites délicatement se rencontrer les étamines.

Murraya

persistant

intérieur

De la famille des Rutacées, ce genre comprend 10 espèces d'arbustes originaires des régions tropicales. De croissance moyenne, les Murraya ont une écorce lisse, vert-de-gris, couvrant un tronc d'où part une ramification importante et étalée. Le feuillage persistant, alterne, ovale, vert foncé et les fleurs très odorantes, donnant de petites baies ovoïdes, rouges, mûres en août en font un arbre très décoratif.

Espèce conseillée

Murraya paniculata : Ce *Murraya* au port arborescent ne dépasse pas 3 mètres de haut. L'écorce beige se fissure longitudinalement. Les fleurs, petites et blanches, restent longtemps sur l'arbre et embaument. Les baies vertes, semblables à un petit citron, rougissent et ressortent sur le feuillage vert sombre.

L'entretien

Où l'installer À l'intérieur. En situation très lumineuse et aérée. Le *Murraya* aime le soleil, de préférence indirect, et la chaleur. Il craint les changements brutaux de température et les courants d'air.

Quand le rempoter Tous les 2 ans entre la mi-mars et le début mai.

Quel mélange terreux préparer Mélangez avant de tamiser 40 % d'*Akadama*, 30 % de sable de rivière, 20 % de terreau et 10 % de tourbe.

Le *Murraya* apprécie les sols frais et légers.

Quand le tailler Pincez les nouvelles pousses au printemps.

Taillez court les rameaux au départ de la végétation. Retaillez en période végétative l'ensemble des rameaux quand ils se sont allongés d'une douzaine de centimètres.

Taillez les branches en fin d'hiver.

Quand le fertiliser Faites tous les 15 jours un apport d'engrais organique à décomposition lente de mars à juin et de septembre à novembre. Faites un apport une fois par mois en hiver si le *Murraya* est en bonne condition.

Quand le (dé)ligaturer Enroulez le fil d'aluminium cuivré sur du bois aoûté tout au long de l'année et retirez-le après 2 ou 3 mois de pose.

Murraya paniculata de 55 ans

Bon à savoir

Taillez bien l'intérieur de la couronne pour lui permettre de recevoir air et lumière. Placez le Murraya *sur un plateau empli de pouzzolane maintenue humide pour lui apporter l'hygrométrie dont il a besoin.*

Olea

De la famille des Oléacées, ce genre, originaire d'Arabie méridionale et d'Asie Mineure, comprend environ 30 espèces réparties dans le bassin méditerranéen et dans les régions chaudes de l'Himalaya à la Nouvelle-Zélande. L'olivier a une grande longévité, une croissance lente et atteint 15 mètres de haut. Le feuillage est persistant

persistant

extérieur et orangerie

Espèce conseillée

***Olea europaea* :** Olivier. Cet arbre, au tronc d'abord lisse puis noueux et creusé, est couvert d'une écorce grise, brunissant et s'écaillant avec le temps. Les nombreux rameaux portent des feuilles coriaces, entières et glabres, vert-de-gris, légèrement mouchetées dessus, vert pâle dessous. Les fleurs hermaphrodites, parfumées, blanches donnent des fruits ovoïdes, verts puis noirs et charnus, mûrs en novembre.

L'entretien

Où l'installer En véranda ou à l'extérieur. En situation très lumineuse en appartement. L'olivier demande de la chaleur en été et de la fraîcheur en hiver, période nécessaire à son repos végétatif.

Quand le rempoter Tous les 2 ou 3 ans entre fin mars et début mai.

Quel mélange terreux préparer Préparez un mélange constitué de 30 % d'*Akadama*, 40 % de sable de rivière et 30 % de terreau. L'olivier apprécie les sols secs et profonds à dominante argilo-calcaire ou silico-argileuse.

Quand le tailler Pincez les nouvelles pousses au départ de la végétation.

Taillez l'ensemble des rameaux en période de végétation dès qu'ils se sont allongés d'une dizaine de centimètres.

Effectuez, si besoin, une légère taille de structure au début du printemps.

Quand le fertiliser Faites tous les 15 jours un apport d'engrais organique à décomposition lente de mars à juin et de septembre à novembre, en augmentant la dernière dose automnale pour préparer l'olivier à passer l'hiver s'il reste dehors. En intérieur, faites un apport tous les mois de décembre à février.

Quand le (dé)ligaturer Les oliviers jeunes sont davantage et plus aisément ligaturés que ceux plus âgés. Enroulez le fil d'aluminium cuivré sur des rameaux aoûtés toute l'année. Retirez la ligature après 2 ou 3 mois de pose.

Olea europaea de 18 ans

➔ Bon à savoir

L'olivier émet de nombreux rejets qui sont à supprimer, car ils fatiguent le Bonsaï. Gardez un peu de terre ancienne lors du rempotage pour favoriser la reprise de l'olivier. Placez le Bonsaï sur un plateau garni de pouzzolane humide pour lui apporter l'hygrométrie dont il a besoin.

Picea

persistant

extérieur

De la famille des Pinacées, ce genre renferme environ 40 espèces originaires de l'hémisphère Nord. Il se différencie des sapins par une cime aiguë, des branches inclinées, des rameaux tombants, des aiguilles vert clair en spirale et des cônes pendants, compacts même à maturité. Le feuillage des épicéas est persistant, leur croissance est lente.

Espèces conseillées

Picea glauca : Épinette blanche. Appelée aussi « épinette » ou « sapinette du Canada », elle est originaire d'Amérique du Nord. Elle atteint 25 mètres. Le tronc droit est allongé, l'écorce s'exfolie. Les branches étalées, souples et longues, portent des aiguilles bleutées. Les cônes verts avant d'être bruns dégagent une odeur de résine.

Picea glehnii ou ***Picea jezoensis :*** Épicéa de Yédo. Originaire du Japon, il atteint 50 mètres. Le tronc est élancé, les branches souples, les rameaux sinueux portent des aiguilles piquantes, vert brillant dessus, argentées dessous et des cônes rouges assez grands.

Picea orientalis : Épicéa d'Orient. Originaire du Caucase, il atteint 50 mètres. Le tronc est droit, la cime pyramidale. Les aiguilles courtes, non piquantes, vert foncé sont appliquées aux rameaux. Les cônes écailleux, d'abord violets, deviennent bruns.

Picea glehnii de 30 ans

L'entretien

Où l'installer À l'extérieur, au soleil. Le *Picea*, arbre de montagne, supporte le froid, mais redoute les gelées nocturnes, précoces et tardives. Il apprécie le vent et n'aime pas les excès de chaleur.

Quand le rempoter Tous les 3 à 5 ans en avril.

Quel mélange terreux préparer Du *Kyriu* auquel on adjoint de l'*Akadama*. Le *Picea* préfère les sols argileux. Ne se plaît pas trop dans un sol calcaire ou siliceux.

Quand le tailler Pincez les nouvelles pousses au réveil de la végétation, une fois par an.

Taillez assez court les rameaux lors de la première coupe au printemps. Par la suite, effectuez de petites tailles des rameaux si nécessaire.

Retirez les aiguilles mortes en fin d'automne.

Quand le fertiliser Faites une fois par mois un apport d'engrais organique à décomposition lente de mars à juin et de septembre à novembre, en augmentant la dernière dose automnale pour préparer le *Picea* à passer l'hiver.

Quand le (dé)ligaturer Ligaturez dès la fin de l'automne ou au début de l'hiver. Retirez le fil d'aluminium cuivré après 10 mois environ de pose.

➔ Bon à savoir

Le Picea *demande des atmosphères fraîches et humides. Mais pas d'excès d'eau dans le sol.*

Pensez à bien éclaircir la couronne pour que les branches intérieures reçoivent air et lumière.

L'épicéa est sensible aux attaques d'acariens. Surveillez votre Bonsaï en examinant le revers du feuillage et traitez préventivement les arbres plus exposés.

Pinus

persistant

extérieur

De la famille des Pinacées, le pin se distingue des autres conifères par ses aiguilles en faisceaux contenues dans une gaine écailleuse. La couleur et la longueur des aiguilles, tout comme la silhouette des arbres, sont différentes d'une variété à l'autre.

Espèces conseillées

***Pinus pentaphylla* :** Pin à cinq aiguilles, parfois appelé pin quiné. Originaire du Japon, il est assez proche du *Pinus parviflora*. Il peut atteindre 20 mètres. Les branches deviennent horizontales en vieillissant et ont tendance à se dépouiller. Les aiguilles aciculaires, raides, vert bleuté strié de beige s'éclaircissent. Les cônes mûrissent en 2 ou 3 ans.

***Pinus sylvestris* :** Pin sylvestre. Originaire d'Asie et d'Europe, il peut atteindre une quarantaine de mètres. Sa silhouette dépend de son habitat. La cime d'abord pointue s'arrondit. L'écorce très fissurée s'affine vers le sommet, s'exfolie et prend des teintes rouille. Les aiguilles glauques sont piquantes et réunies par 2. Les cônes mûrissent en 2 ans.

L'entretien

Où l'installer Dehors, au soleil en été et en hiver, au vent en demi-saison et au froid en hiver. Le *Pinus pentaphylla*, arbre de montagne, demande un climat montagnard aux saisons bien marquées.

Quand le rempoter Tous les 3 à 5 ans en avril.

Quel mélange terreux préparer Ajoutez au *Kyriu* un peu d'*Akadama*. Le *Pinus pentaphylla* n'aime pas beaucoup les sols calcaires.

Quand le tailler Pincez les deux tiers de la chandelle centrale quand elle a fini sa croissance, généralement en avril.

Au printemps, retirez manuellement quelques aiguilles, quand elles sont bien ouvertes, sur les touffes trop drues pour les éclaircir.

À l'automne, taillez les rameaux en coupant au-dessus d'une touffe d'aiguilles.

Quand le fertiliser Une fois par mois de mars à juin et de septembre à novembre, faites un apport d'engrais organique à décomposition lente. Augmentez la dernière dose automnale pour préparer les pins à passer l'hiver.

Quand le (dé)ligaturer Posez le fil d'aluminium cuivré entre novembre et janvier, et retirez-le environ 10 mois plus tard, entre octobre et décembre.

➔ Bon à savoir

Ne taillez pas les aiguilles, cela fait mourir l'arbre. L'obtention de petites aiguilles se fait par un pincement court des chandelles.

Pinus pentaphylla de 65 ans

Pinus montana de 31 ans

Pistacia

caduc ou persistant

orangerie ou extérieur

De la famille des Anacardiacées, ce genre comprend environ 10 espèces dioïques et aromatiques, au feuillage caduc ou persistant, alterne et simple. Les petites fleurs éclosent en grappes, et les fruits sont enveloppés d'une coque dure.

Espèce conseillée

***Pistacia lentiscus*:** Lentisque. Originaire du bassin méditerranéen, il atteint 6 mètres. Il est parfois appelé « arbre à mastic » en raison de son odeur de résine, récoltée par incision du tronc. L'écorce brune couvre un tronc lisse et gris, se fissurant avec l'âge. Le feuillage persistant vert foncé brillant dessus, plus pâle et mat dessous, rougit en hiver. Les fleurs dioïques, groupées en épis vert d'eau, éclosent en avril-mai. Les petits fruits rouges puis noirs ne sont pas comestibles.

L'entretien

Où l'installer ? En véranda, en orangerie ou à l'extérieur. En situation très lumineuse, légèrement ombrée en plein été. Le lentisque aime la chaleur et demande des hivers frais.

Quand le rempoter Tous les 2 ans en avril-mai.

Quel mélange terreux préparer Préparez un mélange composé de 40 % d'*Akadama*, de 30 % de sable de rivière et de 30 % de terreau. Le lentisque demande des sols secs, de préférence rocailleux.

Quand le tailler Taillez l'ensemble des rameaux en période de végétation, dès qu'ils se sont allongés d'une dizaine de centimètres. La première taille est la plus courte.

Taillez les branches en avril pour une bonne ramification.

Raccourcissez la ramure en hiver, si nécessaire.

Quand le fertiliser Faites tous les 15 jours un apport d'engrais organique à décomposition lente de mars à juin et de septembre à novembre, en augmentant la dernière dose automnale pour préparer le lentisque à passer l'hiver, s'il vit en véranda maintenue hors gel. En situation plus chaude, faites un apport tous les mois d'hiver.

Quand le (dé)ligaturer Le ligaturage est possible toute l'année sur du bois aoûté. Protégez l'écorce avec du raphia. Retirez le fil d'aluminium cuivré après 2 ou 3 mois de pose.

Bon à savoir

Le lentisque demande des sols secs et un air humide. Placez-le sur un plateau garni de pouzzolane maintenue humide pour élever l'hygrométrie autour de lui.

Avant de poser la ligature, laissez le lentisque s'assécher afin que ses branches s'assouplissent.

Pistacia lentiscus de 26 ans

Podocarpus

De la famille des Podocarpacées, originaire des régions subtropicales à tropicales de l'hémisphère Sud, ce genre comprend 100 espèces. Il atteint 20 mètres. Assimilé aux conifères, son feuillage est persistant.

persistant

intérieur

Espèces conseillées

Podocarpus macrophylla : Pin des bouddhistes. Originaire de Chine, il atteint 18 mètres. Les branches horizontales, fortes portent de longues feuilles coriaces, rouges puis vert sombre. Les fruits qui suivent des fleurs discrètes sont verts ou pourpres.

Podocarpus microphylla : Pin des bouddhistes. Il se distingue du précédent par un feuillage plus petit et plus fin, vert brillant dessus et plus clair et glabre dessous.

Podocarpus maki : Originaire de Chine, ses branches sont dressées, les feuilles linéaires vert sombre dessus portent une nervure médiane. Les fruits globuleux sont bleu-vert.

Podocarpus maki de 22 ans

L'entretien

Où l'installer À l'intérieur. En situation aérée et très lumineuse. Les hivers peuvent être plus frais. Il aime le soleil et peut être sorti l'été, surtout dans les régions chaudes. Dans ce cas, placez-le à la mi-ombre.

Quand le rempoter Tous les 2 ou 3 ans en avril.

Quel mélange terreux préparer Mélangez 30 % d'*Akadama* et 70 % de *Kyriu*.

Le *Podacarpus* apprécie des sols meubles et bien drainés.

Quand le tailler Pincez les chandelles entre le pouce et l'index avant qu'elles ne s'ouvrent.

Taillez les rameaux au-dessus d'une touffe d'aiguilles en période de végétation.

Effectuez une taille de structure en début de printemps.

Quand le fertiliser Faites tous les 15 jours un apport d'engrais organique à décomposition lente de mars à juin et de septembre à novembre. Pour les *Podocarpus* qui continuent à se développer, faites un apport mensuel en hiver.

Quand le (dé)ligaturer Posez le fil d'aluminium cuivré sur du bois aoûté tout au long de l'année et retirez-le après 2 ou 3 mois de pose.

➔ Bon à savoir

Le Podocarpus *demande un sol bien drainé. Pensez à bien tamiser le mélange terreux et empotez dans un pot assez profond.*

Portulacaria

persistant

intérieur

De la famille des Portulacacées, le Portulacaria *est la seule espèce du genre. Originaire d'Afrique du Sud, il atteint 3 mètres. Le feuillage persistant, opposé est glabre. Les fleurs très discrètes, légèrement rosées, éclosent au printemps.*

Espèces conseillées

Portulacaria afra : Pourpier en arbre. Le tronc gris est couvert d'une écorce brune, épaisse et annelée. Il porte des rameaux pubescents, épais et érigés. Le feuillage vert vif est charnu.

Portulacaria afra lemon : Ce pourpier en arbre se différencie du précédent par un feuillage jaune.

Portulacaria afra variegata : Ce pourpier en arbre présente un feuillage panaché vert et jaune.

Des cultivars peuvent avoir des branches vertes ou brun-rouge, mais sont très rares dans nos régions.

L'entretien

Où l'installer À l'intérieur, en situation aérée et très ensoleillée. Il aime les étés chauds et les hivers un peu plus frais, mais ne supporte pas les changements brutaux de température.

Quand le rempoter Tous les 2 ou 3 ans au printemps, entre mi-mars et début mai.

Quel mélange terreux préparer Mélangez 30 % d'*Akadama*, 30 % de sable de rivière, 20 % de terreau et 20 % de terre de bruyère.

Le *Portulacaria* préfère les sols pierreux, secs.

Quand le tailler Pincez l'extrémité des nouvelles pousses en période de végétation.

Retirez délicatement les anciennes feuilles sur les rameaux âgés.

Taillez les branches entre mars et octobre pour structurer le *Portulacaria.*

Quand le fertiliser Faites tous les 15 jours un apport d'engrais organique à décomposition lente de mars à juin et de septembre à novembre. En hiver, faites un apport mensuel sur les Bonsaï qui continuent à se développer.

Quand le (dé)ligaturer La silhouette est davantage façonnée par la taille. Pour les styles (semi-)cascades, fréquents chez le *Portulacaria*, enroulez délicatement le fil d'aluminium cuivré sur des rameaux aoûtés et retirez-le après 6 semaines à 2 mois.

Bon à savoir

Les branches du Portulacaria *sont très cassantes. Ne laissez pas les branches s'allonger pour éviter de les alourdir ; le poids du feuillage risque de rompre les branches. Il y a des réserves d'eau dans le tronc et le feuillage est épais. Laissez sécher la terre avant d'arroser abondamment pour ne pas faire mourir le Bonsaï. Attention aussi de ne pas casser les branches lors du ligaturage.*

Portulacaria afra de 30 ans

Portulacaria afra lemon de 16 ans

Portulacaria afra variegata de 15 ans

Punica

De la famille des Punicacées, ce genre, originaire de l'Himalaya et de la Méditerranée, comprend 2 espèces. Cet arbre fruitier peut être cultivé dehors, dans les régions de l'olivier et dans l'extrême ouest de la France.

caduc

extérieur et orangerie

Espèce conseillée

***Punica granatum* :** Grenadier. Arbuste qui atteint 6 mètres. Le tronc devient noueux en vieillissant. Ses rameaux épineux et anguleux sont couverts d'un feuillage caduc, entier, vert cuivré avant d'être vert brillant. Les fleurs d'un beau rouge carmin éclosent de juin à septembre et donnent des fruits orangés contenant des graines charnues d'un beau rouge sang, comestibles et rafraîchissantes.

L'entretien

Où l'installer ? De préférence en véranda. Le grenadier est un arbre méditerranéen, donc d'orangerie. Il n'aime ni le froid ni les courants d'air froids. Il apprécie la chaleur et réclame une forte luminosité, s'épanouit en situation aérée et abritée du vent.

Quand le rempoter Tous les 2 ans, au printemps, lors du grossissement des bourgeons.

Quel mélange terreux préparer Mélangez 50 % d'*Akadama* avec 40 % de sable de rivière et 10 % de terreau. Le grenadier aime les sols secs, pierreux, plutôt argileux.

Quand le tailler Pincez les nouvelles pousses au départ de la végétation.

En fin d'hiver, effectuez une courte taille de structure. Celle-ci ne gênera pas la floraison : les bourgeons floraux éclosent sur les pousses de l'année.

Quand le fertiliser Faites toutes les 3 semaines un apport d'engrais organique à décomposition lente de mars à juin et de septembre à novembre. En hiver, si le grenadier est en situation plus chaude, fertilisez-le une fois par mois.

Quand le (dé)ligaturer Posez le fil de cuivre en fin de printemps. Veillez à ne pas arracher les boutons floraux. Retirez la ligature sans arracher les fleurs en été, après 2 mois de pose environ.

➔ Bon à savoir

Si le grenadier vit dehors, lorsqu'il est en fleur, ne bassinez pas l'arbre, mais arrosez autour pour apporter l'humidité atmosphérique qui lui est nécessaire. S'il vit en intérieur ou en orangerie, placez-le sur un plateau garni de pouzzolane maintenue humide.

Punica granatum
de 10 ans

Pyracantha

semi-persistant à persistant

extérieur

De la famille des Rosacées, ce genre, originaire pour 5 espèces d'Asie, la sixième venant d'Europe, a une croissance assez rapide. Les branches épineuses portent des feuilles persistantes. Il est spectaculaire par ses fleurs en corymbes blancs au printemps et ses baies globuleuses aux tons de feu en automne.

Espèce conseillée

Pyracantha angustifolia : Buisson ardent. Originaire de Chine, il atteint 4 mètres et a une silhouette étalée. Le feuillage est semi-persistant, denté à la pointe, vert foncé brillant dessus, vert-de-gris dessous. La floraison en juin est suivie d'une fructification en octobre : des baies orangées qui restent tout l'hiver sur l'arbre.

L'entretien

Où l'installer À l'extérieur. En situation ensoleillée, mais légèrement ombrée en plein été. Il supporte le vent, mais craint le froid vif.

Quand le rempoter Tous les 2 ans après floraison.

Quel mélange terreux préparer Mélangez 50 % d'*Akadama*, 30 % de terreau et 20 % de sable de rivière. Le *Pyracantha* apprécie les sols profonds et meubles, légers et frais. Il demande à être bien drainé.

Quand le tailler Après la floraison, faites une taille légère en conservant les rameaux chargés de baies, puis retaillez la repousse des rameaux dans le courant de l'été.
En fin d'hiver, effectuez une taille de structure.

Quand le fertiliser Faites une fois par mois un apport d'engrais organique à décomposition lente de mars à juin et de septembre à novembre, en augmentant la dernière dose automnale pour préparer le *Pyracantha* à l'hiver.

Quand le (dé)ligaturer La silhouette est surtout forgée par la taille. Il est possible de ligaturer le *Pyracantha* tout au long de l'année. Mais ne laissez pas le fil d'aluminium cuivré posé plus de 6 mois sur l'arbre.

➔ Bon à savoir

Les oiseaux sont friands des baies du Pyracantha*; protégez-le des coups de bec et du risque de déracinement.*

Le Pyracantha *demande beaucoup d'eau, d'où la nécessité d'effectuer un bon drainage pour éviter à l'eau de stagner dans le pot.*

Pyracantha angustifolia de 16 ans

Pyracantha angustifolia de 35 ans

Quercus

De la famille des Fagacées, ce genre originaire, pour la plupart, des zones tempérées de l'hémisphère Nord renferme environ 270 espèces. Certaines proviennent de Colombie, du Sud-Est asiatique ou encore des tropiques. Le chêne est plutôt de croissance lente et sa longévité est grande. Les chênes à feuilles caduques sont présents sur l'ensemble du territoire.

caduc

extérieur

Espèces conseillées

Quercus pubescens : Chêne pubescent. C'est le chêne noir du Périgord ou le chêne blanc en Provence. Il atteint 20 mètres avec un tronc court et tortueux, au diamètre fort. La cime est irrégulière, les rameaux pubescents, les feuilles caduques, échancrées et marcescentes.

Quercus petraea : Chêne rouvre. Tronc fin et droit, prolongé par une flèche, il porte des branches peu sinueuses. Le feuillage est homogène. Il donne des glands sessiles.

Quercus robur : Chêne pédonculé ou chêne blanc de Gascogne. Les feuilles larges apparaissant tardivement au printemps ont un pétiole très court. Le gland, pendant, peut porter des stries, inséré au tiers dans la cupule écailleuse et verte.

L'entretien

Où l'installer À l'extérieur. Dans un lieu très lumineux, ensoleillé, aéré. Le chêne pédonculé craint les gelées tardives.

Quand le rempoter Tous les 2 à 4 ans, au printemps, avant l'éclosion des bourgeons.

Quel mélange terreux préparer Préparez 1/3 d'*Akadama*, 1/3 de sable de rivière, 1/3 de terreau. Le chêne demande un sol profond et fertile, sec et bien drainé, plus calcaire pour le *Quercus pubescens.*

Quand le tailler Taillez avec des ciseaux les bourgeons que vous avez laissé pousser, quand ils fanent. Retaillez en été les nouvelles pousses avant qu'elles ne soient aoûtées. Taillez l'ensemble des rameaux dès qu'ils se sont bien allongés en période de végétation.
En fin d'hiver, possibilité d'effectuer une taille de structure.

Quand le fertiliser Faites une fois par mois un apport d'engrais organique à décomposition lente de mars à juin et de septembre à novembre, en augmentant la dernière dose automnale pour préparer le chêne à passer l'hiver.

Quand le (dé)ligaturer La silhouette est davantage façonnée par la taille. Si besoin, posez le fil d'aluminium cuivré au printemps et retirez-le en automne.

Bon à savoir

Le chêne est très sensible à l'oïdium. Veillez à le placer dans un lieu très aéré et à arroser la motte en évitant de mouiller le feuillage.

Quercus pubescens de 15 ans

Rhododendron

caduc ou persistant

extérieur

De la famille des Éricacées, ce genre, originaire des régions montagneuses et froides de l'hémisphère Nord, comprend un peu plus de 700 espèces remarquables par la diversité de leur silhouette, de leur feuillage caduc à persistant, de leur floraison multicolore.

Espèces conseillées

Rhododendron impeditum : Rhododendron buissonnant. Originaire de Chine, il atteint à peine 50 cm de haut. Les nombreux rameaux enchevêtrés sont recouverts d'écailles noires. Le feuillage vert-de-gris dessus, brique dessous est aussi écailleux. Les fleurs, poussant en avril-mai, sont mauves, poupres, violettes, légèrement odorantes et groupées par 2 ou 3.

Rhododendron indicum : Originaire du sud du Japon, ce rhododendron, appelé parfois *lateritium*, atteint 1,50 mètre en hauteur. Très dense et ramifié, le feuillage semi-persistant à persistant vert sombre prend une couleur rousse en automne. Les grandes fleurs saumon à rouge clair éclosent en juin.

Rhododendron kiusianum : Ce rhododendron originaire de l'île de Kyushu ne dépasse pas un mètre en hauteur. Son feuillage, semi-persistant, a la particularité de croître en deux temps : au printemps puis en été. Les fleurs, groupées par 2 à 5, rose orangé, éclosent en mai-juin.

Rhododendron indicum de 28 ans

L'entretien

Où l'installer À l'extérieur. En situation très lumineuse. Les espèces à petites fleurs supportent mieux le soleil estival que celles à grandes fleurs. Le rhododendron apprécie la chaleur et le vent. L'hiver, il aime la fraîcheur mais craint le gel.

Quand le rempoter Tous les 1 ou 2 ans après floraison si cela n'a pas lieu en juillet ou en août ; dans ce cas, rempotez avant la floraison.

Quel mélange terreux préparer Rempotez dans du *Kanuma*. Vous pouvez ajouter du sphagnum à hauteur de 10 à 15 % au maximum, et vous tamiserez le mélange. Le rhododendron demande un sol humide et frais, léger, sableux, de préférence acide. Le *Rhododendron impeditum* recherche une terre plus alcaline.

Quand le tailler Pincez les feuilles au-dessus des bourgeons floraux quand ces derniers gonflent.

Taillez les rameaux assez court sur le bois vert après la floraison et avant que les feuilles ne durcissent.

Juste avant le rempotage, effectuez une taille de structure pour éclaircir la couronne.

Quand le fertiliser Faites une fois par mois un apport d'engrais organique à décomposition lente de mars à juin et de septembre à novembre, en augmentant la dernière dose automnale pour préparer le rhododendron à passer l'hiver. Ne donnez pas d'engrais un mois avant la floraison.

Quand le (dé)ligaturer Posez le fil d'aluminium cuivré au printemps en faisant attention aux bourgeons et retirez-le en automne. La pose ne doit pas dépasser 6 mois.

Bon à savoir

Les branches du rhododendron sont assez cassantes. Pour les assouplir, n'arrosez pas la veille d'un ligaturage.

Pensez à retirer les départs du tronc sur le rhododendron et les fleurs quand elles sont fanées, pour éviter la formation de graines.

Serissa

persistant

intérieur et orangerie

De la famille des Rubiacées, originaire de Chine et d'Inde, c'est la seule espèce du genre. Cet arbuste élégant, à la silhouette fine, de moyenne dimension, atteint 1 mètre. Le tronc, mince, est couvert d'une écorce gris-beige. Les rameaux grêles et glabres portent un feuillage persistant, entier, ovale et opposé, vert clair. Les fleurs en forme d'étoile blanche ou mauve restent longuement sur l'arbre. Les racines dégagent une odeur fétide.

Espèces conseillées

***Serissa japonica* :** Paré de jolis noms comme Ciel de Pékin, Neige de juin ou encore Ciel étoilé, cet arbuste aux mille étoiles, dru, mince, glabre est chargé de petites feuilles, de fleurs blanches solitaires ou fasciculées à l'éclosion indifférente à la période de l'année chez nous.

***Serissa japonica variegata* :** Serissa panaché. Il se différencie de l'espèce précédente par un feuillage panaché vert et ivoire, et des fleurs mauves.

Il existe aussi des cultivars plus rares et plus délicats portant des feuilles bordées d'or.

Serissa japonica de 16 ans

L'entretien

Où l'installer En orangerie ou en intérieur. En situation aérée et très lumineuse. Le serissa demande des étés chauds, toutefois abrité du soleil direct en plein été, et des hivers plus frais, même s'il craint le froid.

Quand le rempoter Tous les 2 ans en avril.

Quel mélange terreux préparer Mélangez 40 % d'*Akadama*, 30 % de sable de rivière et 30 % de terre de bruyère.

Le serissa apprécie les sols argileux et humides.

Quand le tailler Entre février et octobre. Raccourcissez l'ensemble des rameaux plus court lors de la première taille de printemps et la dernière taille d'automne.

Retaillez encore 2 ou 3 fois, puis laissez-les se développer pour voir si l'extrémité des tiges porte des boutons floraux avant de tailler.

En fin d'hiver, effectuez tous les 2 ou 3 ans une taille de structure, mais pas l'année du rempotage.

Quand le fertiliser Faites tous les 15 jours un apport d'engrais organique à décomposition lente de mars à juin et de septembre à novembre. Entre décembre et fin février, faites un apport mensuel sur les arbres qui continuent leur développement.

Quand le (dé)ligaturer Posez le fil d'aluminium cuivré en juin et retirez-le en septembre. Le serissa se ligature bien. Protégez l'écorce avec du raphia.

➔ Bon à savoir

Placez le serissa sur un plateau rempli de pouzzolane maintenue humide pour lui apporter l'hygrométrie nécessaire. Le serissa n'aime pas beaucoup les changements ; évitez de le déplacer trop souvent, mais il apprécie d'être dehors de mai à fin septembre.

Taxus

persistant

extérieur

De la famille des Taxacées, les ifs sont originaires de l'hémisphère Nord. Ce genre comprend 8 espèces qui se distinguent des autres conifères par une absence de cônes, alors que leurs aiguilles aciculaires et persistantes les en rapprochent.

Espèce conseillée

***Taxus baccata*:** If. Atteint 20 mètres de haut. Son bois non résineux est couvert d'une fine écorce de couleur rouille. Les branches obliques s'étalent en une cime arrondie. En vieillissant, elles se dressent et peuvent former de nouveaux troncs. Les aiguilles vertes plus foncées dessus que dessous ne piquent pas. Les chatons mâles jaunes apparaissent au printemps, les fleurs en bourgeons vert pâle donnent une grosse graine verte puis rouge, un arille.

L'entretien

Où l'installer À l'extérieur, au soleil ou à mi-ombre. L'if craint les excès de chaleur comme de froid. Installé à mi-ombre, il supporte mieux la chaleur. Il apprécie le vent et aime l'air humide.

Quand le rempoter Tous les 4 ou 5 ans. Entre la mi-mars et la fin avril.

Quel mélange terreux préparer Du *Kyriu* auquel on adjoint 20 % d'*Akadama*. L'if demande un sol acide à légèrement calcaire, humide et profond.

Quand le tailler Pincez les bourgeons des rameaux au printemps et en automne, juste après la floraison.

Taillez les rameaux en période végétative. N'hésitez pas à les couper court.

Si besoin, en fin d'hiver, faites une taille de structure.

Quand le fertiliser Une fois par mois de mars à juin et de septembre à novembre, faites un apport d'engrais organique à décomposition lente. Augmentez la dernière dose automnale pour préparer l'if à passer l'hiver.

Quand le (dé)ligaturer Posez le fil d'aluminium cuivré en septembre et retirez-le en mars. L'if se ligature aisément. Mais attendez que les rameaux soient aoûtés pour ligaturer.

Bon à savoir

L'if est un arbre qui se taille facilement. Mais ne coupez pas ses aiguilles ; cela le ferait dépérir. *L'if n'aime pas la sécheresse ; placez-le dans un endroit où l'air humide circule bien, et mouillez le sol autour de lui lors des arrosages.*

Taxus baccata de 70 ans

Tilia

De la famille des Tiliacées, ce genre comprend une trentaine d'espèces. Les tilleuls mesurent entre 30 et 50 mètres. Très ramifiée, la cime ovoïde est couverte de feuilles caduques, simples et longuement pétiolées. Les fleurs, très parfumées, jaune paille sont groupées à l'extrémité d'un long pédoncule. Les fruits, en forme de capsule ligneuse, sont couverts d'une coque grise et dure.

caduc

extérieur

Espèce conseillée

***Tilia cordata*:** Tilleul à petites feuilles. Endémique, il atteint 30 mètres avec une croissance lente et une grande longévité. L'écorce grise et lisse devient gris-brun et striée. Le feuillage est petit, large, tronqué à la base, vert foncé dessus, glauque dessous avec des poils roux. Les fleurs au ton ivoire éclosent en été, les fruits sont mûrs en octobre.

Tilia cordata de 15 ans

L'entretien

Où l'installer À l'extérieur. À mi-ombre l'été. Le *Tilia* craint les fortes gelées et les grandes chaleurs. Il supporte le vent et demande des hivers froids.

Quand le rempoter Tous les 3 ans, au printemps, avant que les bourgeons n'éclosent.

Quel mélange terreux préparer Préparez un mélange terreux composé de 50 % d'*Akadama*, 30 % de sable de rivière et 20 % de terreau. Le tilleul aime les sols frais à humides, profonds et fertiles, et préfèrent les terres argilo-siliceuses.

Quand le tailler Pincez les nouvelles pousses au départ de la végétation.

Défoliation possible en mai ou juin, sauf l'année du rempotage.

Taillez l'ensemble des rameaux en période végétative, dès qu'ils se sont bien allongés.

Effectuez une taille de structure en fin d'hiver.

Quand le fertiliser Faites une fois par mois un apport d'engrais organique à décomposition lente de mars à juin et de septembre à novembre, en augmentant la dernière dose automnale pour préparer le tilleul à passer l'hiver.

Quand le (dé)ligaturer La silhouette est surtout façonnée par les tailles. Si besoin, enroulez le fil d'aluminium cuivré au printemps et retirez-le après 3 ou 4 mois de pose.

➔ Bon à savoir

Les rameaux supportent bien les tailles, n'hésitez pas à les couper fréquemment, surtout à l'intérieur de la couronne. Le tilleul n'aime pas beaucoup l'air sec ; lors des arrosages, bassinez abondamment le Bonsaï en n'hésitant pas à mouiller autour de lui.

Ulmus parvifolia chinensis

Originaire de Chine et d'Indonésie, cette espèce appartient à la famille des Ulmacées. De port plus compact et plus ramassé que l'ensemble des ormes, il présente un feuillage denté, vert foncé et semi-persistant à persistant en fonction de son lieu d'origine.

semi-persistant à persistant

extérieur et orangerie

Espèce conseillée

L'***Ulmus parvifolia chinensis*** provient sous le même nom de différentes régions de Chine, régions tropicales à tempérées en passant par subtropicales. Pour un bon entretien, il est nécessaire de connaître sa provenance.

L'entretien

Où l'installer En orangerie ou en véranda, et à l'extérieur dans les régions plus chaudes une grande partie de l'année. À protéger du froid dès que la température diurne est inférieure à 5 °C. Cet orme demande une très grande luminosité, il aime être au soleil, dans un endroit aéré, mais il craint les courants d'air froids.

Quand le rempoter Tous les 2 ans au printemps, entre la mi-mars et le début mai.

Quel mélange terreux préparer Privilégiez un mélange composé de 30 % d'*Akadama*, 30 % de sable de rivière, 20 % de terreau et 20 % de tourbe.

L'orme de Chine demande des sols fertiles et secs, profonds, frais et légers.

Quand le tailler Taillez très court les rameaux au début du printemps.

Puis taillez de nouveau les rameaux en période de croissance dès qu'ils ont poussé d'une dizaine de centimètres.

Taillez les branches en début de printemps.

Quand le fertiliser Faites tous les 15 jours un apport d'engrais organique à décomposition lente de mars à juin et de septembre à novembre. En hiver, surtout si l'orme vit en appartement, apportez de l'engrais une fois par mois.

Quand le (dé)ligaturer L'orme de Chine est essentiellement formé par les tailles. Si nécessaire, enroulez le fil d'aluminium cuivré sur des branches aoûtées à n'importe quelle période de l'année et retirez-le après 2 ou 3 mois de pose.

➔ Bon à savoir

L'orme de Chine est sujet aux acariens, et en particulier aux ériophies. Surveillez son feuillage. Donnez-lui la grande luminosité dont il a besoin.

Attention à ce qu'il ne souffre pas du froid en hiver. Selon sa région d'origine, il peut résister à de légères gelées.

Ulmus parvifolia chinensis de 28 ans

Wistaria

caduc

extérieur

De la famille des Léguminosacées, ce genre comprend environ 10 espèces originaires d'Asie, à l'exception de 2 venues d'Amérique du Nord. Arbrisseau grimpant et volubile dont le tronc se noue avec l'âge, il porte des rameaux qui, une fois palissés, peuvent s'étendre sur une grande longueur. Il a un feuillage caduc, vert et des grappes de fleurs odorantes. De nombreux cultivars portent des noms exotiques dus aux coloris de leur floraison.

Espèces conseillées

***Wistaria chinensis* :** Glycine de Chine. Originaire de Chine, les rameaux sont tortueux, les feuilles éclosent pubescentes, vert-jaune, deviennent vert clair et glabres en été. Les fleurs en grappes mauves éclosent en mai et peuvent refleurir moins abondamment en juillet-août. Il existe un cultivar : *Wistaria chinensis alba*

***Wistaria floribunda* :** Glycine du Japon. Espèce rustique et très odorante, elle porte des rameaux plus courts et de très longues grappes de fleurs bleu-violet. Celles-ci éclosent en mai-juin et souvent refleurissent en août-septembre.

Wistaria floribunda daruma de 20 ans

***Wistaria japonica* :** Originaire du Japon, cette glycine est plus délicate. Elle porte de courts rameaux, des feuilles plus petites et donne des fleurs blanches peu parfumées en juillet-août.

L'entretien

Où l'installer À l'extérieur. Placez la glycine en situation chaude et ensoleillée, car elle n'aime pas le froid vif et redoute le gel dont il faut la protéger. Elle apprécie le vent et les lieux aérés.

Quand le rempoter Tous les 4 ou 5 ans soit au tout départ de la végétation, soit après floraison, mais avant l'été.

Quel mélange terreux préparer Préparez un mélange composé d'*Akadama* pour 60 % et de terreau pour 40 %. Peu exigeante quant au sol, la glycine préfère une terre fraîche, perméable et légère.

Quand le tailler Taillez les rameaux après la floraison et avant que les feuilles ne durcissent.

Supprimez les rameaux stériles. Après la floraison, retirez les haricots.

En automne, après la chute des feuilles, taillez de nouveau les rameaux et coupez les branches inesthétiques.

Quand le fertiliser Faites une fois par mois un apport d'engrais organique à décomposition lente de mars à mai et de septembre à novembre, en augmentant la dernière dose automnale pour préparer la glycine à passer l'hiver.

Quand le (dé)ligaturer Posez le fil d'aluminium cuivré lors du grossissement des bourgeons, au printemps, et retirez-le en automne. La glycine se forme bien par suspension de poids.

➔ Bon à savoir

Sensible à la chlorose, il faut veiller, pour combattre cette maladie, à ce que la terre de la glycine soit perméable et meuble. La glycine est très gourmande d'engrais. N'hésitez pas à lui en donner, mais sans excès. Une glycine a plus de chance de fleurir quand le rempotage n'est pas fréquent.

Zanthoxyllum

De la famille des Rutacées, ce genre, originaire de régions subtropicales à tropicales, comprend une quarantaine d'espèces. Le bois est jaune couvert d'une écorce lisse et brune. Les rameaux portent des épines et des feuilles alternes et persistantes. Il donne des fleurs dioïques, blanc-vert, et fortement odorantes chez les femelles.

persistant

intérieur et orangerie

Espèces conseillées

***Zanthoxyllum piperitum*:** Poivrier du Japon. Originaire de Chine, de Corée et du Japon, cet arbuste étalé atteint 5 mètres de haut. Les rameaux portent des aiguillons et le feuillage oblong, glabre est légèrement épineux. Les fleurs blanches axillaires ou terminales donnent des fruits arrondis, rouges, mûrs en octobre et contenant des graines noires utilisées en poivre.

***Zanthoxyllum piperitum odoru*:** Poivrier du Japon. Cultivar dont le feuillage, quand il est frotté de façon vigoureuse, dégage un parfum assez fort.

L'entretien

Où l'installer En véranda ou à l'intérieur. En situation très lumineuse. Il peut être sorti en été. Il aime la fraîcheur en hiver, la chaleur en été, supporte le soleil et le vent, et redoute le gel.

Quand le rempoter Tous les 1 ou 2 ans entre la mi-mars et le début mai.

Quel mélange terreux préparer Préparez un mélange de 30 % d'*Akadama*, 30 % de sable de rivière, 20 % de *Kanuma* et 20 % de terreau. Le poivrier du Japon demande des sols profonds, plutôt secs et frais.

Quand le tailler Pincez les nouvelles pousses au départ de la végétation.

Effectuez une taille courte au début du printemps et retaillez en période de végétation l'ensemble des rameaux dès qu'ils se sont allongés d'une dizaine de centimètres.

Faites une taille de structure en fin d'hiver.

Quand le fertiliser Faites tous les 15 jours un apport d'engrais organique à décomposition lente de mars à juin et de septembre à novembre. En hiver, faites un apport mensuel.

Quand le (dé)ligaturer Enroulez le fil d'aluminium cuivré sur des branches aoûtées tout au long de l'année. Retirez la ligature après 4 à 6 mois de pose au maximum.

➔ Bon à savoir

Attention de ne pas arracher les stipules lors du ligaturage. Placez le poivrier du Japon sur un plateau garni de pouzzolane maintenue humide pour apporter au Bonsaï l'hygrométrie dont il a besoin.

Zanthoxyllum piperitum de 15 ans

Zelkova

De la famille des Ulmacées, le genre Zelkova comprend 5 espèces répandues dans l'hémisphère Nord. Le Zelkova a une grande longévité, une croissance rapide et atteint 30 mètres de haut. Le feuillage est caduc.

caduc

extérieur

Espèce conseillée

Zelkova serrata : Orme du Japon. Originaire du Japon, le *Zelkova serrata* possède un tronc court, à l'écorce grise et lisse. En partie haute, il se ramifie en plusieurs branches fortes, qui elles-mêmes se divisent en fins rameaux érigés pour former une cime arrondie. Le feuillage ovale, acuminé, vert foncé, légèrement poilu sur le dessus, plus pâle et glabre dessous devient orangé en automne. Les fleurs vert d'eau réunies sur les entre-nœuds donnent des fruits globuleux.

L'entretien

Où l'installer À l'extérieur, dans un emplacement très lumineux, au soleil, mais en été, placez-le à mi-ombre.

Le *Zelkova* aime la chaleur, craint le gel, supporte le vent, mais demande des situations aérées.

Quand le rempoter Tous les 2 ou 3 ans, au début du printemps, quand les bourgeons gonflent et avant que les feuilles n'éclosent.

Quel mélange terreux préparer De l'*Akadama* avec 30 % de sable de rivière. Le *Zelkova* aime les sols frais, de préférence argileux et fertiles.

Quand le tailler Pincez les nouvelles pousses au départ de la végétation.

Du printemps à l'automne, taillez les rameaux dès qu'ils se sont bien allongés. Raccourcissez les rameaux de 2 ou 3 feuilles après qu'ils se sont ramifiés.

Tous les 2 ou 3 ans, faites une défoliation en juin.

En hiver, faites une taille de structure, si nécessaire.

Quand le fertiliser Faites une fois par mois un apport d'engrais organique à décomposition lente de mars à juin et de septembre à novembre, en augmentant la dernière dose automnale pour préparer le *Zelkova* à passer l'hiver.

Quand le (dé)ligaturer Le *Zelkova* se ligature peu. Si besoin, pour affirmer son style en *Hokidachi*, enroulez le fil d'aluminium cuivré autour des branches, après que les bourgeons se sont ouverts, et retirez la ligature en octobre.

Vous pouvez aussi, en hiver, pendant 2 mois, attacher entre elles les branches du *Zelkova* de façon érigée pour affirmer son style.

Zelkova serrata

de 11 ans Tachiki

de 45 ans Hokidachi

de 25 ans Neagari

Bon à savoir

Ne défoliez pas un Zelkova l'année de son rempotage, cela le fatiguerait trop et sa reprise serait difficile. Pensez à tailler l'intérieur de la couronne pour que les petites branches nombreuses reçoivent l'air et le soleil, et ne meurent pas. Attention aux ormes de Chine vendus parfois sous le nom impropre de Zelkova !

Le Dictionnaire

Les mots des Bonsaï

A

Aciculaire

Une feuille aciculaire est une feuille qui se termine en pointe.

Aiguillon

L'aiguillon est un petit appendice né de l'écorce d'un végétal. Il est souvent confondu avec l'épine. Lorsqu'on l'arrache, il reste une cicatrice sur l'écorce.

Akadama

Terre japonaise composée de grains d'argile, qui favorise un bon drainage, ne se compacte ni ne se décompose dans le temps. Son pH neutre permet une bonne oxygénation. Elle peut être remplacée par de la terre végétale, qui n'aura cependant pas les mêmes vertus.

Aoûté

Le mot vient du mois d'août, période de croissance intense. On dit d'une tige, d'un rameau ou d'une branche qu'ils sont aoûtés lorsque leur bois s'est lignifié, c'est-à-dire qu'il s'est durci par l'apport de sève et qu'à son tour il produira des pousses au printemps suivant.

Arborescent

Qui a le caractère et la forme d'un arbre.

B

Bassiner

Loin de vouloir dire tremper dans une bassine, bassiner signifie arroser d'un geste ample avec un arrosoir muni d'un long col ou avec une lance d'arrosage. Bassiner est plus large qu'arroser.

Bractées

Petites feuilles de couleurs et de formes particulières qui accompagnent des fleurs situées généralement à la base du pédoncule.

➲ *Bougainvillea (voir p. 74)*

Brumiser / brumisation

➲ *Vaporiser*

C

Chandelle

Flambeau vertical des aiguilles soudées et non ouvertes sur un conifère.

Chaton

Épi généralement allongé, souple et pendant, aux fleurs unisexuées.

Collet

Le bas du tronc, au niveau du sol, à la limite des racines.

➲ *Nebari*

Corymbe

Grappe florale dont le pédoncule inséré sur l'axe primaire est d'autant plus long que les fleurs sont âgées ; aspect d'ombelle.

➲ *Crataegus (voir p. 82)*
➲ *Pyracantha (voir p. 100)*

Couronne

En haut du tronc d'un arbre, point de départ circulaire des branches constituant la cime.

Cyme

Chaque axe principal est terminé par une seule fleur et se ramifie dessous, donnant naissance à une succession de rameaux terminés chaque fois par une seule fleur.

D

Défolier / défoliation

Enlever toute les feuilles sur un arbre soit en les taillant au pétiole, soit en les coupant de moitié et en attendant leur chute. Opération qui se pratique en mai-juin.

E

Engrais organique

Par opposition à engrais chimique. L'engrais organique est fabriqué avec des éléments naturels. Il peut se présenter sous la forme de poudre, de boulette ou liquide.

Étamine

Organe sexuel mâle des végétaux à fleurs.

Exfolier

Se dit de l'écorce d'un arbre qui s'en va par plaques. Cette mue de l'écorce dessine sur le tronc une sorte de puzzle.

F

Fertiliser

Faire un apport d'engrais. L'engrais est indispensable aux Bonsaï. En fonction des saisons et des espèces, l'engrais, faiblement dosé en azote (N), phosphore (P) et potasse (K), peut varier dans la répartition du pourcentage. Il se doit d'être organique et à décomposition lente.

Feuilles alternes

Les feuilles sont disposées l'une après l'autre sur le rameau, à des hauteurs différentes. On oppose ce terme à feuilles opposées.

Feuilles opposées

Les feuilles se font face sur un rameau.

G

Glabre

Qui est sans poil, lisse, nu ou imberbe.

Globuleux

Se dit d'un fruit rond et charnu. Comme un globe.

H

Haubaner

Le haubanage est le fait d'attacher des liens, cordes ou fils au tronc ou aux branches.

Hygrométrie

État d'humidité atmosphérique.

I

Involucre

Ensemble des bractées situées à la base d'une fleur, comme l'enveloppant.

K

Kanuma

Mélange terreux japonais composé d'argile issu d'un milieu privé d'oxygène, au pH très acide. Il convient aux Bonsaï de terre de bruyère. Cette dernière peut remplacer le *Kanuma*.

Ketoh

Terre japonaise, spongieuse, dépossédée d'éléments nutritifs et utilisée dans la réalisation de paysages.

Kyriu

Mélange terreux japonais composé d'argile et de gravier. Il est utilisé essentiellement pour les conifères et les orchidées.

L

Lobe

Division arrondie et profonde d'une feuille.

➲ *Ginkgo (voir p. 87)*

M

Marcescent

Des feuilles marcescentes sont des feuilles jaunies et séchées normalement en automne, mais qui, au lieu de tomber, restent accrochées une grande partie de l'hiver sur l'arbre.

➲ *Fagus (voir p. 85)*

N

Nebari

Mot japonais, synonyme de collet. La base du tronc, à la limite du sol, au départ des racines.

O

Obovale

Se dit d'une feuille ovale, dont la pointe est plus large que l'attache (la base).

P

Pétiole

Partie rétrécie reliant le limbe d'une feuille à sa tige.

pH

Notation du degré d'acidité ou d'alcalinité d'un sol, d'après les ions hydrogène. pH 7 est neutre ; de 0 à 7, le sol est acide, et de 7 à 14, l'alcalinité est de plus en plus forte.

Piriforme

Qui a la forme d'une poire.

Pistil

Organe sexuel femelle des végétaux à fleurs.

Pollinisation

Transport des grains de pollen sur le pistil. Il se fait directement sur les fleurs hermaphrodites par les insectes, le vent ou l'homme.

Pouzzolane

Roche volcanique siliceuse à structure alvéolaire. Se différencie des billes d'argile par ses propriétés spongieuses. En effet, la pouzzolane absorbe l'excès d'humidité et la restitue par évaporation, redonnant ainsi une bonne hygrométrie autour du Bonsaï. Tandis que les billes d'argile sont cuites, donc imperméables et ne jouent pas ce rôle d'éponge.

Pubescent

Un feuillage pubescent est couvert de poils très fins, comme portant un duvet.

R

Ramule

Différent de ramille (petit rameau). Il s'agit de la pousse de l'année chez les conifères.

Rejet

Ce sont les jeunes pousses qui démarrent d'un bourgeon souvent dormant, de la souche, du tronc ou des branches. Les rejets sont à retirer, car ils fatiguent l'arbre, tirant à eux la sève ; ils peuvent être assimilés à des gourmands. Lorsqu'ils sont jeunes, ils s'enlèvent par pincement entre le pouce et l'index.

Rosette

Ensemble de feuilles étalées en cercle près du sol.

S

Sessile

Les feuilles, les fleurs ou les fruits sont dit « sessiles » quand ils sont insérés directement sur le rameau et dressés.

Sphagnum

On emploie parfois le mot « sphaigne ». Il s'agit d'une mousse qui croît dans les marais et les tourbières. Sa décomposition aide à la formation de la tourbe. Le sphagnum est utilisé en complément, pour conserver de l'humidité après le rempotage ou la création de paysage ; il est aussi employé en complément de substrat pour des mélanges terreux que l'on veut légers.

Squamiforme

Qui a la forme d'écaille.

➲ *Chamaecyparis (voir p. 80)*

Surfacer

En horticulture, surfacer la terre signifie rajouter une couche de terre. Cela est fortement déconseillé dans l'entretien du Bonsaï.

T

Talé

On dit d'un fruit qu'il est talé quand il est meurtri, c'est-à-dire endommagé.

V

Valve

Pièce de la paroi du fruit qui s'ouvre à maturité et libère les graines.

Vaporiser / vaporisation

Certains disent brumiser. Vaporiser est une opération qui se pratique avec un vaporisateur et qui consiste à envoyer dans l'atmosphère d'infimes particules d'eau. Le but est d'élever l'hygrométrie d'une pièce. L'inconvénient est qu'il faudrait répéter ce geste toutes les 10 minutes pour réellement apporter une humidité de l'air. Il vaut mieux installer le Bonsaï sur un plateau garni de pouzzolane maintenue humide. Ou utiliser un humidificateur.

INDEX

A

B

C

Direction éditoriale
Catherine Delprat

Édition
Laure Sérullaz, Cécile Beaucourt

Direction artistique
Emmanuel Chaspoul

Conception graphique
Jean-Yves Grall

Mise en page
Jacqueline Bloch

Lecture-correction
Laurence Alvado

Illustrations
Photographies : ph. Olivier Ploton © Archives Larousse ; © Isabelle Samson
Dessins : Denise Bazin ; p. 64-65, Denise Bazin d'après Valérie Decugis

Couverture
Véronique Laporte

Fabrication
Annie Botrel

Crédits

Photographies
Ph. O. Ploton © Archives Larousse ;
sauf les photos p. 39, 42, 54, 56, 57, 59, 60, 61, 62, 63, 66, 69, 74, 81, 88, 99, 102, 107 : © Isabelle Samson.
Les photos prises par Olivier Ploton représentent des arbres appartenant à BONSAÏ REMY SAMSON.

Les Jardineries Truffaut

Truffaut Amiens
Pôle Jules Verne
80330 Longueau

Truffaut Angoulême (*)
C. Cial Auchan
16400 La Couronne

Truffaut Arcueil
C. Cial la Vache Noire
Place de la Vache Noire
94748 Arcueil cedex

Truffaut Aubagne
Jardinerie la Grognarde
Z.I. Les Paluds
Route de Gémenos
13400 Aubagne

Truffaut Baillet en France
RN 1 - Direction « La Croix Verte »
95570 Baillet en France

Truffaut Blois Sud
ZAC des Perrières
41350 Saint Gervais la Forêt

Truffaut Buchelay
12, rue du Lot – A 13 sortie 13
ZA Les Closeaux
78200 Buchelay

Truffaut Cabriès
Route de la grande campagne
Zone Ciale Plan de campagne
13480 Cabriès

Truffaut Cergy
A 15 (Sortie 13)
95650 Puiseux Pontoise

Truffaut Chatenay-Malabry
72, avenue Roger-Salengro
92290 Chatenay-Malabry

Truffaut Colmar
RN 83 – 2, route de Strasbourg
Zone Ciale de Houssen
68125 Houssen

Truffaut Colomiers
RN 126 Sortie n°6
ZAC du Perget
Route d'Auch
31770 Colomiers

Truffaut Coutevroult
La Mare aux Poissons, D406
(direction Bailly-Romainvillers)
77580 Coutevroult

Truffaut Deauville
Route de Paris
14800 Deauville

Truffaut Gisors (*)
Route de Paris
27140 Gisors

Truffaut Gournay (*)
Jardinerie Jullien
200, route de Paris
76220 Gournay en Bray

Truffaut Grigny
La Plaine Basse
RN 7
91350 Grigny

Truffaut Herblay
RN 14, La Patte d'Oie
95480 Pierrelaye

Truffaut Isneauville (*)
Jardinerie d'Isneauville
100, route de Neufchâtel
76230 Isneauville

Truffaut Ivry-sur-Seine
5, rue François-Mitterrand
94200 Ivry-sur-Seine

Truffaut La Rochelle (*)
Rue du 11 novembre
C. Cial Beaulieu
17285 Puilboreau Beaulieu cedex

Truffaut La Ville-du-Bois
RN 20
91620 La Ville-du-Bois

Truffaut Le Chesnay
C. Cial Parly 2
Local Poste 633
78158 Le Chesnay cedex

Truffaut Le Mans
C. Cial Carrefour
Rue Robert Collet
72100 Le Mans

Truffaut Les Ulis
ZI de Courtabœuf
22, avenue des Andes
91940 Les Ulis

Truffaut Lorient (*)
C. Cial Keryado K2
A proximité de Carrefour
56100 Lorient

Truffaut Mauguio
Espace CCial Fréjorgues Ouest
Rond point de l'aéroport
77, rue H. Boucher
34130 Mauguio

Truffaut Mérignac
Avenue de l'Argonne
Domaine de Pelus
33700 Merignac

Truffaut Mulhouse
Pôle 430, à côté de Cora
Rue de la Forêt
68270 Wittenheim

Truffaut Nantes
258, route de Vannes
44700 Orvault

Truffaut Nîmes
ZAC du Mas des Abeilles
30900 Nîmes

Truffaut Orléans
Route de Sandillon
45650 St-Jean-le-Blanc

Truffaut Pacé
C. Cial Cora Opéra
ZAC de la Giraudais
35740 Pacé

Truffaut Paris Grand Stade
Quartier Stade de France
2, rue Jesse Owens
93200 La Plaine Saint-Denis

Truffaut Paris 13ème
85, Quai de la Gare
75013 Paris

Truffaut Pau
ZAC du Mail
Route de Bordeaux
64140 Lons

Truffaut Plaisir
RN 12 - ZA Sainte Apolline
78370 Plaisir

Truffaut Ponthierry
RN 7
77310 St Fargeau-Ponthierry

Truffaut Quimper (*)
7, Rond point de Gutenberg
Lieu dit de Kervillier
29000 Quimper

Truffaut Rennes
Centre Alma - Allée d'Ukraine
35048 Rennes cedex

Truffaut Rosny
C. Cial Domus
16, rue de Lisbonne
93562 Rosny sous bois cedex

Truffaut Saint-Malo
C. Cial Cora
Le Moulin du Domaine
35430 St-Jouan-Des-Guerets

Truffaut Saint-Maximin
C. Cial Cora
RN 16
60740 Saint-Maximin

Truffaut Saint-Quentin
Zone commerciale Cora
02100 Saint-Quentin

Truffaut Servon
RN 19 Ferme de Servon
3, rue Georges Truffaut
77170 Servon

Truffaut Toulouse
Les Jardins de Balma
Route de Lavaur
31130 Balma

Truffaut Tours
C. Cial Auchan
5, rue du Professeur Maupas
37170 Chambray-les-Tours

Truffaut Trégueux (*)
ZAC du Rond Point de Brezillet
À côté de Cineland
22950 Trégueux

Truffaut Vélizy 2
Face C. Cial Vélizy 2
41 bis, av. de l'Europe
78140 Vélizy-Villacoublay

Truffaut Villeparisis
RN 3 - Route de Villevaudé
77270 Villeparisis

(*) Partenaires indépendants
Plans d'accès et horaires d'ouverture sur Internet : www.truffaut.com

Photogravure IGS, L'Isle d'Espagnac – Imprimé en Espagne par Graficas Estella, Estella
Dépôt légal : mars 2008 – 301675/01-11006266 février 2008